中华人民共和国
突发事件应对法

新旧对照与重点解读

U0541593

中国法制出版社
CHINA LEGAL PUBLISHING HOUSE

目　　录

全国人民代表大会宪法和法律委员会关于《中华人民共和国突发事件应对法（修订草案）》修改意见的报告 …………………………………………… 140
（2024 年 6 月 27 日）

★附赠内容★

免费赠送如下内容电子版，请扫描封底“法规编辑部”二维码，在公众号“资料下载”—“新旧对照重点解读”处获取。

国家突发公共事件总体应急预案
（2006 年 1 月 8 日）
突发事件应急预案管理办法
（2024 年 1 月 31 日）
国家突发公共卫生事件应急预案
（2006 年 2 月 26 日）
突发公共卫生事件应急条例
（2011 年 1 月 8 日）
国家突发公共事件医疗卫生救援应急预案
（2006 年 2 月 26 日）
国家突发重大动物疫情应急预案
（2006 年 2 月 27 日）
重大动物疫情应急条例
（2017 年 10 月 7 日）
国家食品安全事故应急预案
（2011 年 10 月 5 日）

国家粮食应急预案
（2005 年 6 月 11 日）
国家自然灾害救助应急预案
（2024 年 1 月 20 日）
国家气象灾害应急预案
（2009 年 12 月 11 日）
国家防汛抗旱应急预案
（2022 年 5 月 30 日）
国家突发地质灾害应急预案
（2006 年 1 月 10 日）
国家地震应急预案
（2012 年 8 月 28 日）
国家森林草原火灾应急预案
（2020 年 10 月 26 日）
国家安全生产事故灾难应急预案
（2006 年 1 月 22 日）
生产安全事故应急条例
（2019 年 2 月 17 日）
国家城市轨道交通运营突发事件应急预案
（2015 年 4 月 30 日）
国家核应急预案
（2013 年 6 月 30 日）
国家大面积停电事件应急预案
（2015 年 11 月 13 日）
国家突发环境事件应急预案
（2014 年 12 月 29 日）

《中华人民共和国突发事件应对法》学习指引

突发事件应对管理是国家治理体系和治理能力的重要组成部分。2007年8月30日，第十届全国人民代表大会常务委员会第二十九次会议通过《中华人民共和国突发事件应对法》（以下简称突发事件应对法）。突发事件应对法颁布施行以来，对于预防和减少突发事件的发生，控制、减轻和消除突发事件引起的严重社会危害，规范突发事件应对管理活动，保护人民生命财产安全，维护国家安全、公共安全、生态环境安全和社会秩序发挥了重要作用。近年来，突发事件应对工作遇到了一些新情况新问题，各有关方面提出一系列意见建议，亟待通过修法予以解决：一是突发事件应对工作领导和管理体制已不适应机构改革最新要求和工作实际需要；二是信息报送和发布制度不够完善，影响了信息上传下达的及时性、准确性；三是应急保障制度不够健全，影响了突发事件应对工作所必需的物质支持；四是突发事件应对能力有待加强，制约了突发事件应对工作水平的提高；五是充分发挥社会力量的制度还不够完善，不利于调动各方力量凝聚工作合力；六是突发事件应对工作中保障单位和个人权益的制度不够明确，实践中容易出现损害单位和个人合法权益的情况，等等。

党的十八大以来，习近平总书记站在统筹发展与安全、推进国家治理体系和治理能力现代化的战略高度，创造性提出总体国家安全观，就防范风险挑战、应对突发事件作出一系列重要论述，为突发事件应对工作提供了根本遵循。党中央就突发事件应对工作作出了系列重大决策部署。为贯彻落实党中央决策部署、党和国家机构改革精神，为了适应新形势新任务，有必要与时俱进全面修订突发事件应对法，积极回应实践需求，更好满足人民需要，为新时代高质量开展突发事件应对工作提供有力法治保障。2024 年 6 月 28 日，第十四届全国人民代表大会常务委员会第十次会议通过了新修订的突发事件应对法，自 2024 年 11 月 1 日起施行。此次修法重点把握以下几点：一是坚持以习近平新时代中国特色社会主义思想为指导，贯彻落实党中央关于突发事件应对工作的决策部署，把坚持中国共产党对突发事件应对工作的领导、深化党和国家机构改革、加强我国应急管理体系和能力建设的新成果新经验，上升为制度规范，以法律形式予以明确。二是坚持问题导向，针对现行法施行以来反映出的问题与不足，系统总结多年来突发事件应对工作的正反两方面经验，进一步完善相关制度措施、健全相关体制机制，切实提高本法的针对性、实效性和可操作性。三是坚持本法作为突发事件应对领域基础性、综合性法律的定位不变，处理好与本领域其他专门立法的关系，做到相互衔接、有效配合、并行不悖。本法规定，传染病防治法等有关法律对突发公共卫生事件应对作出规定的，适用其规定；有关法律没有规定的，适用本法。四是明确突发事件应对工作应当坚持的基本原则，即坚持总体国家安全观，统筹发展与安全；坚持人民至上、生命至上；坚持依法科学应对，尊重和保障人权；坚持预防为主、预防与应急相结合。这些原则贯穿本法全篇，体现在具体条文和制度设计之中。

一、突发事件应对法的主要内容

修订后的突发事件应对法共 8 章 106 条，主要内容包括：

（一）关于总则。主要规定突发事件应对法的立法目的、适用范围、指导思想、工作原则等内容。一是将提高突发事件预防和应对能力等作为立法目的。二是明确本法的适用情形和法律适用规则。三是突发事件应对工作坚持中国共产党的领导，明确指导思想、领导体制和治理体系。四是突发事件应对工作应当坚持的原则。五是社会动员、信息发布、新闻采访报道、投诉举报等制度。六是比例原则、弱势群体保护、征收征用、时效程序中止、国际合作与交流、表彰和奖励等机制和工作要求。

（二）管理与指挥体制。一是国家建立统一指挥、专常兼备、反应灵敏、上下联动的应急管理体制和综合协调、分类管理、分级负责、属地管理为主的工作体系。二是国务院、县级人民地方人民政府、共同负责的人民政府、突发事件应急指挥机构、应急管理部门和有关部门、乡级人民政府和街道办事处、居民（村民）委员会的报告、应急救援和处置等职责。三是解放军、武警部队和民兵参加突发事件应急救援和处置的职责。四是有关决定、命令、措施向人大常委会备案，以及应急处置工作向人大常委会作专项报告。

（三）预防与应急准备。一是国家建立健全突发事件应急预案体系，规定国家突发事件应急总体预案、地方政府和有关部门应急预案及相互衔接，以及应急预案的内容和制定要求。二是突发事件应对工作纳入国民经济和社会发展规划，国土空间规划对突发事件应对设备和基础设施的统筹安排。三是应急避难场所标准体系、突发事件风险评估体系、危险源和危险区域、可能引发社会安全事件问题的安全防范。四是危险物品单位、人员密集场所等单位具体应急预案和安全防范要求。五是突发事件应对管理培训、应急救援队伍建设及保障、解放军等专门训练、应急知识宣传普及教育和应急演练。六是资金保障、应急物资储备保障、应急运输保障、能源应急保障、应急通讯和广播保障、卫生应急体系、急救医疗服务网络建设等。七是社会支持和捐赠、人道救助、资金和物资管理、巨灾风险保险体系、科技支撑、专家咨询论证制度等。

（四）监测与预警。一是国家建立健全突发事件监测制度，明确政府及部门的监测义务、突发事件信息系统建设和运用、突发事件信息收集和报送机制、突发事件隐患和监测信息汇总分析。二是国家建立健全突发事件预警制度，明确预警级别、预警发布、报告和通报、预警发布平台，重点规定地方人民政府在预警期根据预警级别采取的相应措施。三是预警期重要商品和服务市场监测、社会安全事件报告、预警级别调整和预警期终止。

（五）应急处置与救援。一是国家建立健全突发事件应急响应制度，明确应急响应级别、划分标准、启动，以及自然灾害、事故灾难、公共卫生事件和社会安全事件发生后，可以采取的应急处置措施，以及保障、控制等必要措施。二是征用、请求支援、组织生产、保证供应、优先运送、自救和互救。三是疏散、撤离、安置和控制危险源，劝解和疏导，以及有关单位、公民的服从和配合义务。四是城乡社区应急工作机制、心理疏导等心理援助、遇难人员遗体处置。五是应急处置与救援信息提供、个人信息保护以及留存和销毁等。

（六）事后恢复与重建。一是应急处置措施的停止和必要防止措施。二是损失调查评估和恢复重建，组织有关部门恢复社会秩序，修复公共设施。三是请求上级资金、物资支持和技术指导。四是优惠政策和善后工作计划。五是参与救援等人员的工资待遇、福利、工伤待遇、抚恤和其他保障政策。六是开展调查评估、总结经验教训、制定改进措施。七是资金、物资的审计监督。八是档案收集、整理、保护和利用等工作机制。

（七）法律责任。一是地方各级人民政府和县级以上人民政府有关部门的法律责任。二是有关单位未按规定采取预防措施等的法律责任。三是编造传播虚假信息等行为的法律责任。四是单位或者个人不服从、不配合的法律责任。五是违反个人信息保护规定的法律责任。六是民事责任、紧急避险、治安管理处罚和刑事责任。

（八）附则。一是紧急状态的程序和措施。二是域外突发事件的应对。三是境内外国人、无国籍人的服从和配合义务。四是修订后本法的施行日期重新确定，即2024年11月1日。

二、突发事件应对法2024年修改要点

2024年修订突发事件应对法，重点增加和修改了以下内容：

（一）完善本法的立法目的、立法根据和适用规则，明确指导思想、治理体系和工作原则

一是在立法目的中增加“提高突发事件预防和应对

能力”，明确“根据宪法”制定本法；明确传染病防治法等有关法律对突发公共卫生事件应对作出规定的，适用其规定。有关法律没有规定的，适用本法。

二是增加规定突发事件应对工作坚持中国共产党的领导，坚持以马克思列宁主义、毛泽东思想、邓小平理论、“三个代表”重要思想、科学发展观、习近平新时代中国特色社会主义思想为指导，建立健全集中统一、高效权威的中国特色突发事件应对工作领导体制，完善党委领导、政府负责、部门联动、军地联合、社会协同、公众参与、科技支撑、法治保障的治理体系。

三是在工作理念和原则中增加规定，突发事件应对工作应当坚持总体国家安全观，统筹发展与安全；坚持人民至上、生命至上；坚持依法科学应对，尊重和保障人权。

（二）完善突发事件应对管理与指挥体制，明确各方责任

一是增设专章对管理与指挥体制集中作出规定。

二是规定国家建立统一指挥、专常兼备、反应灵敏、上下联动的应急管理体制和综合协调、分类管理、分级负责、属地管理为主的工作体系。

三是明确县级以上人民政府是突发事件应对管理工作的行政领导机关；落实深化党和国家机构改革成果，明确县级以上人民政府及应急管理、卫生健康、公安等

有关部门在突发事件应对工作中的职责。

四是共同负责的人民政府应当按照国家有关规定，建立信息共享和协调配合机制；根据共同应对突发事件的需要，地方人民政府之间可以建立协同应对机制。

五是规定突发事件应急指挥机构的设立、组成，明确突发事件应急指挥机构在突发事件应对过程中发布的决定、命令、措施，与设立它的人民政府发布的决定、命令、措施具有同等效力，法律责任由设立它的人民政府承担。

六是明确乡镇街道、村（居）委会以及武装力量等在突发事件应对工作中的职责，鼓励支持引导社会力量依法有序参与突发事件应对工作，进一步形成突发事件应对工作合力，提升全社会突发事件应对能力的整体水平。

（三）完善信息报送和发布机制，保障信息及时上传下达

一是规定国家建立健全突发事件信息发布制度，有关人民政府和部门及时向社会公布突发事件相关信息和决定、命令、措施等信息；对于影响或者可能影响社会稳定、扰乱社会和经济管理秩序的虚假或者不完整信息，应当及时发布准确的信息予以澄清。

二是规定国家建立健全突发事件新闻采访报道制度，有关人民政府和部门应当做好新闻媒体服务引导工作，支持新闻媒体开展采访报道和舆论监督。新闻媒体采访

报道突发事件应当及时、准确、客观、公正。

三是建立健全网络直报和自动速报制度，提高报告效率，打通信息报告上行渠道。

四是加强应急通信系统、应急广播系统建设，确保突发事件应对管理工作的通信、广播安全畅通。

五是明确规定报送报告突发事件信息要做到及时、客观、真实，不得迟报、谎报、瞒报、漏报或者授意他人迟报、谎报、瞒报，不得阻碍他人报告信息。

（四）完善应急保障制度

一是明确各级人民政府应当将突发事件应对工作所需经费纳入本级预算，并加强资金管理，提高资金使用绩效。

二是按照集中管理、统一调拨、平时服务、灾时应急、采储结合、节约高效的原则，建立健全应急物资储备保障制度，企业根据协议进行应急救援物资等的生产、供给。

三是建立健全应急运输保障体系，统筹各类运输和服务方式，制定应急运输保障方案，保障应急物资、装备和人员及时运输；地方政府和有关主管部门做好应急调度和运力保障，确保运输通道和客货运枢纽畅通。

四是建立健全能源应急保障体系，提高能源安全保障能力，确保受突发事件影响地区的能源供应。

五是发布警报，进入预警期后，对重要商品和服务市场情况加强监测，并与价格法等有关法律作了衔接规定。促进安全应急产业发展，优化产业布局。

六是国家鼓励公民、法人和其他组织储备基本的应急自救物资和生活必需品；有关部门可以向社会公布相关物资、物品的储备指南和建议清单。

（五）加强突发事件应对能力建设

一是规定各级各类应急救援队伍，明确国家综合性消防救援队伍是应急救援的综合性常备骨干力量；增加规定基层应急救援队伍、社会力量建立的应急救援队伍；规定应急救援职业资格，明确专业应急救援人员应当具备相应的身体条件、专业技能和心理素质，取得国家规定的应急救援职业资格；明确政府应当推动专业应急救援队伍与非专业应急救援队伍联合培训、联合演练，提高合成应急、协同应急的能力。

二是规定应急预案的制定、完善、演练。制定应急预案应当广泛听取各方面意见，并根据实际需要、情势变化、应急演练中发现的问题等及时作出修订；人民政府、基层组织、企业事业单位、学校等应当分别面向社会公众、居民、村民、职工、学生及教职工开展应急宣传教育和应急演练。

三是发挥科学技术在突发事件应对中的作用，在突发事件应对中加强现代技术手段的依法应用，加强应急科学和核心技术研究，加大应急管理人才和科技人才培养力度，不断提高突发事件应对能力。

四是国家建立健全突发事件卫生应急体系，组织开展突发事件中的医疗救治、卫生学调查处置和心理援助等卫生应急工作，有效控制和消除危害。

五是县级以上人民政府应当加强急救医疗服务网络的建设，配备相应的医疗救治物资、设施设备和人员，提高医疗卫生机构应对各类突发事件的救治能力。

六是国务院应急管理部门会同卫生健康、自然资源、住房城乡建设等部门统筹、指导全国应急避难场所的建设和管理工作，建立健全应急避难场所标准体系；县级以上地方人民政府负责本行政区域内应急避难场所的规划、建设和管理工作。

七是国家支持城乡社区组织健全应急工作机制，强化城乡社区综合服务设施和信息平台应急功能，加强与突发事件信息系统数据共享，增强突发事件应急处置中保障群众基本生活和服务群众能力。

八是国家档案主管部门应当建立健全突发事件应对工作相关档案收集、整理、保护、利用工作机制；突发事件应对工作中形成的材料，应当按照国家规定归档，并向相关档案馆移交。

（六）完善突发事件应对处置

一是建立健全突发事件监测制度。对可能发生的突发事件进行监测，通过多种途径收集突发事件信息，对突发事件隐患和监测信息及时汇总、分析、评估、报告。

二是建立健全突发事件预警制度。明确发布警报应当明确的内容包括预警类别、级别、起始时间、可能影响的范围、警示事项、应当采取的措施、发布单位和发布时间等，以及宣布进入预警期后人民政府可以采取的措施；建立健全预警发布平台和预警信息快速发布通道，特别要求公共场所和其他人员密集场所要确保突发事件预警信息及时、准确接收和传播。

三是建立健全突发事件应急响应制度。在规定突发事件应急响应级别划分标准由国务院或者国务院确定的部门制定的基础上，明确启动应急响应，应当明确响应事项、级别、预计期限、应急处置措施等；增加规定县级以上人民政府及其有关部门应当在突发事件应急预案中确定应急响应级别，给予地方一定自主权。

四是进一步完善应急处置措施的规定。增加限制人员流动、封闭管理，以及开展生态环境应急监测，保护集中式饮用水水源地等环境敏感目标，控制和处置污染物等措施。

五是完善事后恢复与重建的相关规定。在突发事件的威胁和危害得到控制或者消除后，在原法规定停止执行相关应急处置措施的基础上，增加规定人民政府应当宣布解除应急响应的程序。对受突发事件影响地区的人民政府组织协调尽快恢复秩序、开展恢复重建的各类措施作出具体规定。

（七）发挥社会力量在突发事件应对中的作用

一是国家组织动员企业事业单位、社会组织、志愿者等各方力量依法有序参与突发事件应对工作。

二是完善表彰、奖励制度，对在突发事件应对工作中做出突出贡献的单位和个人，按照国家有关规定给予表彰、奖励。

三是规定县级以上人民政府及其有关部门应当建立健全突发事件专家咨询论证制度，发挥专业人员在突发事件应对工作中的作用。

四是规定国家鼓励公民、法人和其他组织为突发事件应对工作提供物资、资金、技术支持和捐赠。

五是规定红十字会在突发事件中，应当对伤病人员和其他受害者提供紧急救援和人道救助，并协助人民政府开展与其职责相关的其他人道主义服务活动。

六是鼓励公民、法人和其他组织储备基本的应急自救物资和生活必需品，居委会、村委会等基层组织在紧急情况下立即组织群众开展自救与互救等先期处置工作。

（八）保障社会各主体合法权益

一是国家在突发事件应对工作中，应当对未成年人、老年人、残疾人、孕产期和哺乳期的妇女、需要及时就医的伤病人员等群体给予特殊、优先保护。

二是应当为受突发事件影响无人照料的无民事行为能力人、限制民事行为能力人提供及时有效帮助；建立健全联系帮扶应急救援人员家庭制度，帮助解决实际困难。

三是加强心理健康服务体系和人才队伍建设，支持引导心理健康服务人员和社会工作者对受突发事件影响的各类人群开展心理健康教育、心理评估、心理疏导、心理危机干预、心理行为问题诊治等心理援助工作。

四是对于突发事件遇难人员的遗体，应当按照法律和国家有关规定，科学规范处置，加强卫生防疫，维护逝者尊严；对于逝者的遗物应当妥善保管。

五是县级以上人民政府及其有关部门对获取的相关信息，应当严格保密，并依法保护公民的通信自由和通信秘密；有关单位和个人需要获取他人个人信息的，应当依照法律规定的程序和方式取得并确保信息安全；因依法履行突发事件应对工作职责或者义务获取的个人信息，只能用于突发事件应对，并在突发事件应对工作结束后予以销毁。

（九）完善监督机制和相关法律责任规定

一是突发事件应对工作中有关资金、物资的筹集、管理、分配、拨付和使用等情况，应当依法接受审计机关的审计监督。

二是国家建立突发事件应对工作投诉、举报制度，明确投诉举报方式、调查处理及转送程序，保护投诉人、举报人信息等制度，鼓励人民群众监督政府及部门等的不履职行为。

三是对于地方政府和有关部门及其人员法律责任的追究，增加规定要“综合考虑突发事件发生的原因、后果、应对处置情况、行为人过错等因素”，做到过罚相当。

四是增加规定地方人民政府和有关部门授意他人迟报、谎报、瞒报以及阻碍他人报告，违反法律规定采取应对措施，侵犯公民生命健康权益的法律责任。

五是降低有关单位未按照规定采取预防措施等行为的处罚门槛，提高相应的罚款数额。

六是增加对于违反突发事件应对中个人信息保护规定的法律责任。

七是增加与民法典、刑法等法律关于紧急避险的衔接性规定，为公民在突发事件应急处置中开展自救互救、减少损失提供法律依据。

此外，还对域外发生的突发事件应对以及境内的外国人、无国籍人的配合义务等作出规定。

《中华人民共和国突发事件应对法》新旧对照与重点解读表*

（左栏黑体字部分为修改内容，
右栏阴影部分为删去内容，右栏波浪线部分为移动的内容）

目　录	目　录
第一章　总　　则	第一章　总　　则
第二章　管理与指挥体制	第二章　预防与应急准备
第三章　预防与应急准备	第三章　监测与预警
第四章　监测与预警	第四章　应急处置与救援
第五章　应急处置与救援	第五章　事后恢复与重建
第六章　事后恢复与重建	第六章　法律责任
第七章　法律责任	第七章　附　　则
第八章　附　　则	

新增第二章"管理与指挥体制"，将原法第4条、第7条、第8条、第9条、第11条、第14条、第16条管理与指挥体制的有关规定修改完善后，集中作出规定；同时，增加规定国家综合性消防救援队伍、应急指挥机构、乡镇人民政府、街道办事处的有关职责。

* 以下表格左栏为2024年6月28日第十四届全国人民代表大会常务委员会第十次会议修订公布的新《突发事件应对法》，右栏为2007年8月30日第十届全国人民代表大会常务委员会第二十九次会议通过的旧《突发事件应对法》。

第一章　总　　则

第一条　【立法目的和根据】

第一条　为了预防和减少突发事件的发生，控制、减轻和消除突发事件引起的严重社会危害，**提高突发事件预防和应对能力，**规范突发事件应对活动，保护人民生命财产安全，维护国家安全、公共安全、**生态**环境安全和社会秩序，**根据宪法，**制定本法。	第一条　为了预防和减少突发事件的发生，控制、减轻和消除突发事件引起的严重社会危害，规范突发事件应对活动，保护人民生命财产安全，维护国家安全、公共安全、环境安全和社会秩序，制定本法。

1. 适应新的形势任务需要和突发事件应对工作的功能定位，增加规定“提高突发事件预防和应对能力”作为本法的立法目的。

2. 结合生态环境领域的最新立法动向及相关规范表述，将“环境安全”修改为“生态环境安全”。

3. 明确宪法是本法的立法根据，有利于明确本法对于实施宪法相关制度的重要意义；本法规范和保障各类突发事件的应对活动，明确相关体制机制和制度措施，是保证宪法确立的相关制度、原则、规则得到全面实施的基础性、综合性、统领性法律。

第二条　【概念、调整范围和适用规则】

第二条　本法所称突发事件，是指突然发生，造成或者可能造成严重社会危害，需要采取应急处置措施予以应对的自然灾害、事故灾难、公共卫生事件和社会安全事件。	第三条第一款　本法所称突发事件，是指突然发生，造成或者可能造成严重社会危害，需要采取应急处置措施予以应对的自然灾害、事故灾难、公共卫生事件和社会安全事件。

突发事件的预防与应急准备、监测与预警、应急处置与救援、事后恢复与重建等应对活动，适用本法。 **《中华人民共和国传染病防治法》等有关法律对突发公共卫生事件应对作出规定的，适用其规定。有关法律没有规定的，适用本法。**	第二条　突发事件的预防与应急准备、监测与预警、应急处置与救援、事后恢复与重建等应对活动，适用本法。

1. 继续沿用原法关于突发事件概念、主要类型和本法适用范围的规定，保证法律实施的稳定性和延续性。

2. 处理好本法与有关法的衔接和适用。本法是突发事件应对的一般法，传染病防治法等有关法律对突发公共卫生事件应对作出的具体规定属于特别法。此次修法，根据立法法关于法律适用规则的规定，增加本条第3款的内容，即对于突发公共卫生事件管理，传染病防治法等有关法律的规定优先于本法适用。有关法律没有规定的，适用本法。同时，在各章相关条款中明确，其他法律对相关事项另有规定的，从其规定。

第三条　【突发事件分级标准】

第三条　按照社会危害程度、影响范围等因素，**突发**自然灾害、事故灾难、公共卫生事件分为特别重大、重大、较大和一般四级。法律、行政法规或者国务院另有规定的，从其规定。 突发事件的分级标准由国务院或者国务院确定的部门制定。	第三条第二款、第三款　按照社会危害程度、影响范围等因素，自然灾害、事故灾难、公共卫生事件分为特别重大、重大、较大和一般四级。法律、行政法规或者国务院另有规定的，从其规定。 突发事件的分级标准由国务院或者国务院确定的部门制定。

1. 本条是关于突发事件等级和分级标准授权制定的规定，此次修法未作实质性修改，在“自然灾害、事故灾难、公共卫生事件”前增加“突发”。

2. 对突发事件加以分级，主要是为监测、预警、报送信息、分级处置以及有针对性地采取应急措施提供依据。

3. 社会安全事件由于其自身的性质和复杂性，在监测、预警、处置方面往往需要各级、各类机关协同配合、统一联动，因此从法律上、权利义务上很难对其进行分级。

第四条　【指导思想和治理体系】

第四条　突发事件应对工作坚持中国共产党的领导，坚持以马克思列宁主义、毛泽东思想、邓小平理论、“三个代表”重要思想、科学发展观、习近平新时代中国特色社会主义思想为指导，建立健全集中统一、高效权威的中国特色突发事件应对工作领导体制，完善党委领导、政府负责、部门联动、军地联合、社会协同、公众参与、科技支撑、法治保障的治理体系。	新增条文

1. 在立法中加强党的领导，是新时代立法工作的重要要求；突发事件应对工作坚持党的领导，要求把坚持党的领导最高政治原则贯彻到突发事件应对工作全过程各方面，具有统摄作用，有利于把握突发事件应对工作的正确政治方向。

2. 明确突发事件应对工作的指导思想是马克思列宁主义、毛泽东思想、邓小平理论、“三个代表”重要思想、科学发展观、习近平新时代中国特色社会主义思想，这是做好突发事件应对工作的根本遵循。

3. “集中统一、高效权威”体现了中国特色突发事件应对工作领导体制的特点和内在要求。

4. “党委领导、政府负责、部门联动、军地联合、社会协同、公众参与、科技支撑、法治保障”涵盖了突发事件应对工作治理体系的参与主体、相互关系、支撑保障等各要素。

第五条 【工作原则和理念】

第五条 突发事件应对工作**应当坚持总体国家安全观，统筹发展与安全；坚持人民至上、生命至上；坚持依法科学应对，尊重和保障人权；坚持**预防为主、预防与应急相结合。	第五条 突发事件应对工作实行预防为主、预防与应急相结合的原则。国家建立重大突发事件风险评估体系，对可能发生的突发事件进行综合性评估，减少重大突发事件的发生，最大限度地减轻重大突发事件的影响。 （第二句移至第三十二条处）

1. 突出维护国家安全的要求，增加“坚持总体国家安全观，统筹发展与安全”。

2. 更好体现以人民为中心的发展思想，尊重突发事件应对工作客观规律，增加“坚持人民至上、生命至上”、“坚持依法科学应对，尊重和保障人权”。

第六条 【社会动员机制】

第六条 国家建立有效的社会动员机制，**组织动员企业事业单位、社会组织、志愿者等各方力量依法有序参与突发事件应对工作**，增强全民的公共安全和防范风险的意识，提高全社会的避险救助能力。	第六条 国家建立有效的社会动员机制，增强全民的公共安全和防范风险的意识，提高全社会的避险救助能力。

1. 社会动员机制的含义：一是全民危机意识机制和能力建设机制；二是社会成员参与机制，包括信息报告、应急准备、开展自救与互救、协助维护秩序、服从指挥和安排、积极参与应急救援工作等。

2. 明确突发事件应对的社会参与主体包括企业事业单位、社会组织、志愿者等各方力量，强调有关社会力量的法律地位，进一步调动各方参与突发事件应对的积极性。

第七条　【信息发布】

第七条　**国家建立健全突发事件信息发布制度**。有关人民政府和部门应当及时**向社会**公布**突发事件相关信息和有关突发事件应对的决定、命令、措施等信息**。 任何单位和个人不得编造、**故意**传播有关突发事件的虚假信息。**有关人民政府和部门发现影响或者可能影响社会稳定、扰乱社会和经济管理秩序的虚假或者不完整信息的，应当及时发布准确的信息予以澄清**。	第十条　有关人民政府及其部门作出的应对突发事件的决定、命令，应当及时公布。 第五十三条　履行统一领导职责或者组织处置突发事件的人民政府，应当按照有关规定统一、准确、及时发布有关突发事件事态发展和应急处置工作的信息。 第五十四条　任何单位和个人不得编造、传播有关突发事件事态发展或者应急处置工作的虚假信息。

1. 明确国家建立健全突发事件信息发布制度，进一步规范有关人民政府和部门的信息发布行为。

2. 针对突发事件虚假信息的编造与传播，造成公众集体恐慌，甚至出现大规模的危机蔓延，影响应急处置工作有效开展的情况，有必要对谣言传播等虚假信息严加控制。

3. 针对影响或者可能影响社会稳定、扰乱社会和经济管理秩序的虚假或者不完整信息，明确了有关人民政府和部门的澄清义务。

第八条 【新闻报道和宣传】

第八条 国家建立健全突发事件新闻采访报道制度。有关人民政府和部门应当做好新闻媒体服务引导工作，支持新闻媒体开展采访报道和舆论监督。 新闻媒体采访报道突发事件应当及时、准确、客观、公正。 新闻媒体应当开展突发事件应对法律法规、预防与应急、自救与互救知识等的公益宣传。	第二十九条第三款 新闻媒体应当无偿开展突发事件预防与应急、自救与互救知识的公益宣传。

1. 明确突发事件新闻采访报道制度，为有关人民政府和部门的服务、引导、支持提供法律依据。

2. 增加规定新闻媒体采访报道突发事件的义务，即应当及时、准确、客观、公正。

3. 新闻媒体应当开展的突发事件应对公益宣传包括：预防突发事件的知识，突发事件警报，避免、减轻危害的常识和咨询电话，采取特定措施避免或者减轻危害的建议、劝告，突发事件事态发展和应急处置工作的信息，突发事件应急、自救与互救知识等，此次修法还增加突发事件应对的法律法规。

第九条 【投诉与举报】

第九条 国家建立突发事件应对工作投诉、举报制度，公布统一的投诉、举报方式。 对于不履行或者不正确履行突发事件应对工作职责的行为，任何单位和个人有权向有关人民政府和部门投诉、举报。 接到投诉、举报的人民政府和	新增条文

<table>
<tr>
<td>部门应当依照规定立即组织调查处理，并将调查处理结果以适当方式告知投诉人、举报人；投诉、举报事项不属于其职责的，应当及时移送有关机关处理。
有关人民政府和部门对投诉人、举报人的相关信息应当予以保密，保护投诉人、举报人的合法权益。</td>
<td></td>
</tr>
<tr>
<td colspan="2">1. 投诉、举报是指对违反法律、法规或者相关规定的行为进行控诉和向上级报告。此次修法增加规定，国家建立突发事件应对工作投诉、举报制度，畅通社会监督渠道，鼓励人民群众监督政府及部门等不履行或者不正确履行职责的行为。
2. 进一步明确投诉、举报的处理和移送程序，以及对投诉人、举报人的保护机制，规范投诉举报线索处理工作，充分调动社会监督的主动性和积极性。</td>
</tr>
</table>

第十条 【比例原则】

<table>
<tr>
<td>第十条 突发事件应对措施应当与突发事件可能造成的社会危害的性质、程度和范围相适应；有多种措施可供选择的，应当选择有利于最大程度地保护公民、法人和其他组织权益，且对他人权益损害和生态环境影响较小的措施，并根据情况变化及时调整，做到科学、精准、有效。</td>
<td>第十一条第一款 有关人民政府及其部门采取的应对突发事件的措施，应当与突发事件可能造成的社会危害的性质、程度和范围相适应；有多种措施可供选择的，应当选择有利于最大程度地保护公民、法人和其他组织权益的措施。</td>
</tr>
<tr>
<td colspan="2">1. 本条体现的比例原则，要求行政机关采取的措施不得超越宪法和法律所容许的范围或者目的，如果有同等措施可以供采用，应当选择对公民、法人和其他组织权益侵害最小的措施。</td>
</tr>
</table>

2. 在原法基础上增加规定“对他人权益损害和生态环境影响较小”的标准，要比较各种措施可能造成的侵害大小，包括比较因采取措施可能产生的失控等诸多方面的副作用的大小等。同时增加规定根据情况变化及时调整，做到科学、精准、有效，进一步丰富比例原则的科学内涵，便于实践中理解和掌握。

第十一条　【特殊群体保护】

第十一条　国家在突发事件应对工作中，应当对未成年人、老年人、残疾人、孕产期和哺乳期的妇女、需要及时就医的伤病人员等群体给予特殊、优先保护。	新增条文
突发事件影响面广、涉及社会群体多，未成年人、老年人、残疾人、孕产期和哺乳期的妇女、需要及时就医的伤病人员等特殊群体自救和自助能力较弱，需要给予特殊、优先的保护、关怀和照顾。	

第十二条　【财产征用】

第十二条　**县级以上**人民政府及其部门为应对突发事件**的紧急需要**，可以征用单位和个人的**设备、设施、场地、交通工具等**财产。被征用的财产在使用完毕或者突发事件应急处置工作结束后，应当及时返还。财产被征用或者征用后毁损、灭失的，应当给予**公平、合理的**补偿。	第十二条　有关人民政府及其部门为应对突发事件，可以征用单位和个人的财产。被征用的财产在使用完毕或者突发事件应急处置工作结束后，应当及时返还。财产被征用或者征用后毁损、灭失的，应当给予补偿。
1. 进一步明确征用的前提是应对突发事件的紧急需要。 2. 明确可以征用的财产范围是“设备、设施、场地、交通工具等”。	

3. 对补偿提出明确要求即“公平、合理”，保护被征用人的合法权益。

第十三条　【时效和程序中止】

第十三条　因**依法**采取突发事件应对措施，**致使**诉讼、**监察调查**、行政复议、仲裁、**国家赔偿等**活动不能正常进行的，适用有关时效中止和程序中止的规定，法律另有规定的除外。	第十三条　因采取突发事件应对措施，诉讼、行政复议、仲裁活动不能正常进行的，适用有关时效中止和程序中止的规定，但法律另有规定的除外。

1. 根据突发事件应对措施可能影响的活动，增加列举“监察调查”、“国家赔偿”，为有关活动适用时效中止和程序中止提供法律依据。

2. 时效中止，是指在时效进行中，因一定法定事由的发生，阻碍权利人请求保护其权利，法律规定暂时停止时效期间进行，已经经过的时效期间仍然有效，待阻碍时效进行的事由消失后，时效继续进行，其中时效暂停的一段时间不计入时效期以内，以保护权利人的利益。

3. 程序中止，是指有关诉讼、监察调查、行政复议、仲裁、国家赔偿等活动程序，因一定法定事由不能正常进行需要暂时予以停止，待有关影响该程序正常进行的情形消除后，再恢复该程序。因程序中止耽误的时间，不计算在法定期间之内，以更好保护权利人的利益。

第十四条　【国际合作与交流】

第十四条　中华人民共和国政府在突发事件的预防**与应急准备**、监测与预警、应急处置与救援、事后恢复与重建等方面，同外国政府和有关国际组织开展合作与交流。	第十五条　中华人民共和国政府在突发事件的预防、监测与预警、应急处置与救援、事后恢复与重建等方面，同外国政府和有关国际组织开展合作与交流。

1. 应对突发事件是当今各国政府面临的共同课题，加强合作与交流有利于取长补短、经验共享，更好地应对人类面临的挑战。许多突发事件的范围和危害已超越国界，如公共卫生事件、生态环境事故等，应对好这类突发事件，不仅要信息共享，而且许多应对措施也要协同联动。一个国家在突发事件应对过程中，往往需要其他国家和国际组织的人力、物力、财力和技术上的支持。

2. 突发事件应对的国际合作与交流应贯穿于突发事件应对全过程，尤其要重视突发事件应急管理的经验、预防机制建设、监测方式的运用、预警措施的实施、人员培训等方面的交流与合作。

3. 此次修法，增加突发事件“应急准备”，进一步完善开展国际合作与交流的事项和情形。

第十五条 【表彰和奖励】

第十五条　**对在突发事件应对工作中做出突出贡献的单位和个人，按照国家有关规定给予**表彰、奖励。	第六十一条第三款　公民参加应急救援工作或者协助维护社会秩序期间，其在本单位的工资待遇和福利不变；表现突出、成绩显著的，由县级以上人民政府给予表彰或者奖励。 （前半句移至第九十条处）

在总则中规定表彰和奖励制度，进一步完善表彰和奖励的适用对象和适用情形，即在突发事件应对工作中做出突出贡献的单位和个人，按照国家有关规定给予保障和奖励，充分调动单位和个人参与突发事件应对的积极性和主动性。

第二章　管理与指挥体制

第十六条　【管理体制和工作体系】

第十六条　国家建立统一**指挥、专常兼备、反应灵敏、上下联动的应急管理体制**和综合协调、分类管理、分级负责、属地管理为主的**工作体系**。	第四条　国家建立统一领导、综合协调、分类管理、分级负责、属地管理为主的应急管理体制。

1. 进一步明晰管理体制和工作体制的内涵及区分。

2. 根据党和国家机构改革要求，为防范化解重特大安全风险，健全公共安全体系，整合优化应急力量和资源，推动形成统一指挥、专常兼备、反应灵敏、上下联动、平战结合的中国特色应急管理体制。

3. 将“综合协调、分类管理、分级负责、属地管理为主”明确为工作体系。综合协调是在分工负责的基础上，强化统一指挥、协同联动，以减少运行环节、降低行政成本，提高快速反应能力。分类管理，是指按照自然灾害、事故灾难、公共卫生事件和社会安全事件四类突发事件的不同特性实施应急管理。分级负责，主要是指根据突发事件的影响范围和突发事件的级别不同，确定突发事件应对工作由不同层级的人民政府负责。属地管理为主，是指突发事件应急处置工作原则上由地方负责，即由突发事件发生地的县级以上地方人民政府负责，其中，又主要是由突发事件发生地的县级人民政府负责。当然，法律、行政法规规定由国务院有关部门对特定突发事件的应对工作负责的，应当由国务院有关部门管理为主。

第十七条　【分级负责、属地管理和报告机制】

第十七条　县级人民政府对本行政区域内突发事件的应对**管理**工作负责。突发事件发生后，发生地县级人民政府应当立即采取措施控制事态发展，组织开展应急救援和处置工作，并立即向上一级人民政府报告，必要时可以越级上报，**具备条件的，应当进行网络直报或者自动速报**。 突发事件发生地县级人民政府不能消除或者不能有效控制突发事件引起的严重社会危害的，应当及时向上级人民政府报告。上级人民政府应当及时采取措施，统一领导应急处置工作。 法律、行政法规规定由国务院有关部门对突发事件应对**管理**工作负责的，从其规定；地方人民政府应当积极配合并提供必要的支持。	第七条　县级人民政府对本行政区域内突发事件的应对工作负责；涉及两个以上行政区域的，由有关行政区域共同的上一级人民政府负责，或者由各有关行政区域的上一级人民政府共同负责。 突发事件发生后，发生地县级人民政府应当立即采取措施控制事态发展，组织开展应急救援和处置工作，并立即向上一级人民政府报告，必要时可以越级上报。 突发事件发生地县级人民政府不能消除或者不能有效控制突发事件引起的严重社会危害的，应当及时向上级人民政府报告。上级人民政府应当及时采取措施，统一领导应急处置工作。 法律、行政法规规定由国务院有关部门对突发事件的应对工作负责的，从其规定；地方人民政府应当积极配合并提供必要的支持。 （第一款后半句移至第十八条处）

1. 本条第一款规定的是分级管理、属地管理为主的一般规定。

2. 根据突发事件应对信息化建设状况和近年来的工作实践，增加规定“具备条件的，应当进行网络直报或者自动速报”，有利于进一步提高报告效率，打通信息报告上行渠道。

第十八条 【协调配合与协同应对】

第十八条 **突发事件**涉及两个以上行政区域的，**其应对管理工作**由有关行政区域共同的上一级人民政府负责，或者由各有关行政区域的上一级人民政府共同负责。**共同负责的人民政府应当按照国家有关规定，建立信息共享和协调配合机制。根据共同应对突发事件的需要，地方人民政府之间可以建立协同应对机制。**	第七条第一款 县级人民政府对本行政区域内突发事件的应对工作负责；涉及两个以上行政区域的，由有关行政区域共同的上一级人民政府负责，或者由各有关行政区域的上一级人民政府共同负责。

1. 对涉及两个以上行政区域的突发事件，不论是哪一类型或者哪一级别的突发事件，其应对工作由有关行政区域共同的上一级人民政府负责。例如，突发事件涉及一个省级范围内的两个县级行政区域的，其应对工作就由管辖这两个县的地市级人民政府负责，或者由分别管辖这两个县的地市级人民政府共同负责。

2. 适应突发事件应对跨地域、综合性等特点，对共同负责的人民政府规定两项行之有效的工作机制：一是信息共享和协调配合机制，通常国家已有相关规定，应按照规定要求予以落实。二是协同应对机制，根据共同应对突发事件的需要和实际情况建立。

第十九条 【行政领导机关和应急指挥机构】

第十九条 县级以上人民政府是突发事件应对**管理**工作的行政领导机关。 国务院在总理领导下研究、决定和部署特别重大突发事件的应对工作；根据实际需要，设立国家突发事件应急指挥机构，负责突发事件应对工作；必要时，国	第九条 国务院和县级以上地方各级人民政府是突发事件应对工作的行政领导机关，其办事机构及具体职责由国务院规定。 **第八条** 国务院在总理领导下研究、决定和部署特别重大突发事件的应对工作；根据实际需要，设立国家突发事件应急指挥机构，负

务院可以派出工作组指导有关工作。 县级以上地方人民政府设立由本级人民政府主要负责人、相关部门负责人、**国家综合性消防救援队伍和**驻当地中国人民解放军、中国人民武装警察部队有关负责人**等**组成的突发事件应急指挥机构，统一领导、协调本级人民政府各有关部门和下级人民政府开展突发事件应对工作；根据实际需要，设立相关类别突发事件应急指挥机构，组织、协调、指挥突发事件应对工作。	责突发事件应对工作；必要时，国务院可以派出工作组指导有关工作。 县级以上地方各级人民政府设立由本级人民政府主要负责人、相关部门负责人、驻当地中国人民解放军和中国人民武装警察部队有关负责人组成的突发事件应急指挥机构，统一领导、协调本级人民政府各有关部门和下级人民政府开展突发事件应对工作；根据实际需要，设立相关类别突发事件应急指挥机构，组织、协调、指挥突发事件应对工作。 上级人民政府主管部门应当在各自职责范围内，指导、协助下级人民政府及其相应部门做好有关突发事件的应对工作。 （移至第二十一条处）

1. 县级以上人民政府是突发事件应对管理工作的行政领导机关，明确其与应急指挥机构的关系，有利于发挥政府在突发事件应对中的行政领导作用。

2. 根据党和国家机构改革情况，在应急指挥机构人员组成单位中增加“国家综合性消防救援队伍”；同时增加“等”，保持应急指挥机构组成的开放性，为及时调整纳入其他部门和机构的负责人留有空间。

第二十条 【应急指挥机构职责权限】

第二十条 突发事件应急指挥机构在突发事件应对过程中可以依法发布有关突发事件应对的决定、命令、措施。突发事件应急指挥机构发布的决定、命令、措	新增条文

<table>
<tr><td>施与设立它的人民政府发布的决定、命令、措施具有同等效力，法律责任由设立它的人民政府承担。</td><td></td></tr>
<tr><td colspan="2">1. 明确应急指挥机构在突发事件应对过程中的职责和权限，即可以发布有关突发事件应对的决定、命令、措施。
2. 明确突发事件应急指挥机构发布的决定、命令、措施的效力。
3. 明确突发事件应急指挥机构的法律责任承担主体是设立它的人民政府。</td></tr>
</table>

第二十一条　【部门职责】

<table>
<tr><td>第二十一条　县级以上人民政府应急管理部门和卫生健康、公安等有关部门应当在各自职责范围内做好有关突发事件应对管理工作，并指导、协助下级人民政府及其相应部门做好有关突发事件的应对管理工作。</td><td>第八条第三款　上级人民政府主管部门应当在各自职责范围内，指导、协助下级人民政府及其相应部门做好有关突发事件的应对工作。</td></tr>
<tr><td colspan="2">落实深化党和国家机构改革成果，根据近年来突发事件应对工作实践情况，明确县级以上人民政府应急管理和卫生健康、公安等有关部门在突发事件应对工作中的职责。</td></tr>
</table>

第二十二条　【基层职责】

<table>
<tr><td>第二十二条　乡级人民政府、街道办事处应当明确专门工作力量，负责突发事件应对有关工作。
居民委员会、村民委员会依法协助人民政府和有关部门做好突发事件应对工作。</td><td>新增条文</td></tr>
</table>

明确乡级人民政府、街道办事处和居民委员会、村民委员会在突发事件应对工作中的职责义务，进一步筑牢突发事件应对工作的基层和基础力量。

第二十三条　【公民、法人和其他组织义务】

第二十三条　公民、法人和其他组织有义务参与突发事件应对工作。	第十一条第二款　公民、法人和其他组织有义务参与突发事件应对工作。
单独规定公民、法人和其他组织参与突发事件应对工作的义务，内容未作修改。	

第二十四条　【解放军、武警部队和民兵组织参与】

第二十四条　中国人民解放军、中国人民武装警察部队和民兵组织依照本法和其他有关法律、行政法规、军事法规的规定以及国务院、中央军事委员会的命令，参加突发事件的应急救援和处置工作。	第十四条　中国人民解放军、中国人民武装警察部队和民兵组织依照本法和其他有关法律、行政法规、军事法规的规定以及国务院、中央军事委员会的命令，参加突发事件的应急救援和处置工作。
解放军、武装警察部队和民兵组织参加突发事件的应急救援和处置工作，是突发事件应对工作取得胜利的关键环节。考虑到解放军、武警部队和民兵组织在何种情况下参加突发事件应急救援和处置工作，以及如何参加、派多少人参加等需要根据突发事件的性质、范围、危害等因素，有计划地做出判断。因此，本条对军队和民兵参加突发事件应急救援和处置工作只作原则规定，参加的具体条件、情形等事项依照其他有关法律、行政法规、军事法规以及国务院、中央军委的命令确定。此次修法对该内容未作修改。	

第二十五条 【本级人大监督】

第二十五条　县级以上人民政府**及其设立的突发事件应急指挥机构发布的有关**突发事件**应对**的决定、命令**、措施**，应当**及时**报本级人民代表大会常务委员会备案；突发事件应急处置工作结束后，应当向本级人民代表大会常务委员会作出专项工作报告。	第十六条　县级以上人民政府作出应对突发事件的决定、命令，应当报本级人民代表大会常务委员会备案；突发事件应急处置工作结束后，应当向本级人民代表大会常务委员会作出专项工作报告。

1. 备案监督，是指县级以上人民政府及其设立的突发事件应急指挥机构发布的突发事件应对的决定、命令、措施，应当报本级人大常委会备案。人大常委会收到备案件后，需要对其进行备案审查，认为人民政府的决定、命令、措施违反法律、法规的，依法及时予以纠正。根据第二十条应急指挥机构职责权限的规定，将其发布的有关突发事件应对的决定、命令、措施纳入向本级人大常委会备案范围。

2. 工作监督，是指县级以上人民政府在突发事件应急处置工作结束后，应当向本级人大常委会作出专项报告，内容包括突发事件及其应对的基本情况、应对工作的经验与不足、需要完善的制度和措施、恢复与重建的设想等。因此，向本级人大常委会作出专项报告是在应急处置工作结束之后、恢复与重建开始之前。

第三章　预防与应急准备

第二十六条　【应急预案体系】

第二十六条　国家建立健全突发事件应急预案体系。 国务院制定国家突发事件总体应急预案，组织制定国家突发事件专项应急预案；国务院有关部门根据各自的职责和国务院相关应急预案，制定国家突发事件部门应急预案**并报国务院备案**。 地方各级人民政府和县级以上地方人民政府有关部门根据有关法律、法规、规章、上级人民政府及其有关部门的应急预案以及本地区、**本部门**的实际情况，制定相应的突发事件应急预案**并按国务院有关规定备案**。	第十七条第一款、第二款、第三款　国家建立健全突发事件应急预案体系。 国务院制定国家突发事件总体应急预案，组织制定国家突发事件专项应急预案；国务院有关部门根据各自的职责和国务院相关应急预案，制定国家突发事件部门应急预案。 地方各级人民政府和县级以上地方各级人民政府有关部门根据有关法律、法规、规章、上级人民政府及其有关部门的应急预案以及本地区的实际情况，制定相应的突发事件应急预案。

1. 政府和政府部门制定的应急预案，性质上属于政府和政府部门依据法律制定的、具体贯彻落实有关应对突发事件的法律、行政法规的规范性文件。

2. 增加规定国务院部门制定的部门应急预案报国务院备案。

3. 增加规定地方人民政府及其有关部门制定的应急预案，按照国务院规定的程序和层级备案。

第二十七条　【应急预案衔接】

第二十七条　县级以上人民政府应急管理部门指导突发事件应急预案体系建设，综合协调应急预案衔接工作，增强有关应急预案的衔接性和实效性。	新增条文

为保证应急预案的衔接性和实效性，由应急管理部门作为应急预案体系建设的指导部门，综合协调应急预案衔接工作。

第二十八条　【应急预案制定依据与内容】

第二十八条　应急预案应当根据本法和其他有关法律、法规的规定，针对突发事件的性质、特点和可能造成的社会危害，具体规定突发事件**应对**管理工作的组织指挥体系与职责和突发事件的预防与预警机制、处置程序、应急保障措施以及事后恢复与重建措施等内容。 应急预案制定机关**应当广泛听取有关部门、单位、专家和社会各方面意见，增强应急预案的针对性和可操作性，并**根据实际需要、情势变化、**应急演练中发现的问题等及时对**应急预案**作出修订**。 应急预案的制定、修订、**备案等工作**程序**和管理办法**由国务院规定。	第十八条　应急预案应当根据本法和其他有关法律、法规的规定，针对突发事件的性质、特点和可能造成的社会危害，具体规定突发事件应急管理工作的组织指挥体系与职责和突发事件的预防与预警机制、处置程序、应急保障措施以及事后恢复与重建措施等内容。 第十七条第四款　应急预案制定机关应当根据实际需要和情势变化，适时修订应急预案。应急预案的制定、修订程序由国务院规定。

1. 为保证应急预案的有效实施，增加规定应当广泛听取有关部门、单位、专家和社会各方面意见，增强应急预案的针对性和可操作性。

2. 应急演练中发现的问题，是修订应急预案的重要参考依据。

3. 进一步完善配套规定内容，增加规定备案程序和管理办法由国务院规定。

第二十九条　【应急体系建设规划】

第二十九条　县级以上人民政府应当将突发事件应对工作纳入国民经济和社会发展规划。县级以上人民政府有关部门应当制定突发事件应急体系建设规划。	新增条文

将突发事件应对工作纳入国民经济和社会发展规划，确保突发事件应对工作的系统性和协调性，同时为制定应急体系建设规划提供依据和遵循。

第三十条　【国土空间规划等考虑预防和处置突发事件】

第三十条　**国土空间规划等**规划应当符合预防、处置突发事件的需要，统筹安排突发事件**应对工作**所必需的设备和基础设施建设，合理确定应急避难、**封闭隔离、紧急医疗救治等**场所，**实现日常使用和应急使用的相互转换。**	第十九条　城乡规划应当符合预防、处置突发事件的需要，统筹安排应对突发事件所必需的设备和基础设施建设，合理确定应急避难场所。

1. 按照本条规定，国土空间规划等规划应当满足四个方面要求：一是符合突发事件预防和处置工作的需要。二是根据应对有关突发事件的需要，统筹安排有关设备和基础设施建设。三是合理确定应急避难等场所。四是实现日常使用和应急使用的相互转换，“平急两用”。

2. 在应急避难场所建设的基础上，根据疫情防控等实践需要，增加规定“封闭隔离、紧急医疗救治等”场所，并提出平急转换的要求。

第三十一条 【应急避难场所标准体系】

第三十一条 国务院应急管理部门会同卫生健康、自然资源、住房城乡建设等部门统筹、指导全国应急避难场所的建设和管理工作，建立健全应急避难场所标准体系。县级以上地方人民政府负责本行政区域内应急避难场所的规划、建设和管理工作。	新增条文

明确统筹、指导应急避难场所建设和管理的主要部门，明确建立健全应急避难场标准体系，如2024年已发布《应急避难场所设施设备及物资配置》；县级以上地方人民政府是应急避难场所规划、建设和管理的主体。

第三十二条 【突发事件风险评估体系】

第三十二条 国家建立**健全**突发事件风险评估体系，对可能发生的突发事件进行综合性评估，**有针对性地采取有效防范措施，**减少突发事件的发生，最大限度减轻突发事件的影响。	第五条 突发事件应对工作实行预防为主、预防与应急相结合的原则。国家建立重大突发事件风险评估体系，对可能发生的突发事件进行综合性评估，减少重大突发事件的发生，最大限度地减轻重大突发事件的影响。

对风险评估体系下有针对性地采取防范措施提出要求，提高风险防范措施的针对性和实效性。突发事件风险评估体系，主要包括以下层次：

1. 对本地方、本部门可能发生突发事件的领域、区位环节等进行监测并对收集到的各类突发事件风险信息进行分析、研判，提出预防、减少或者控制突发事件发生的建议和对策。

2. 对本地方、本部门年度内发生的各类突发事件及其应对工作情况，尤其是对防范工作进行评估，找出可能发生重大突发事件的领域、区位、环节，以认识、把握突发事件发生、发展的规律和趋势，完善相关制度和工作机制。

3. 对特定的突发事件应对工作情况包括应急处置和防范工作情况进行评估。

第三十三条　【安全防范措施】

第三十三条　县级人民政府应当对本行政区域内容易引发自然灾害、事故灾难和公共卫生事件的危险源、危险区域进行调查、登记、风险评估，定期进行检查、监控，并责令有关单位采取安全防范措施。 省级和设区的市级人民政府应当对本行政区域内容易引发特别重大、重大突发事件的危险源、危险区域进行调查、登记、风险评估，组织进行检查、监控，并责令有关单位采取安全防范措施。 县级以上地方人民政府**应当根据情况变化，及时调整**危险源、危险区域**的登记。登记的危险源、危险区域及其基础信息**，应当按照国家**有关**规定**接入突发事件信息系统，并**及时向社会公布。	第二十条　县级人民政府应当对本行政区域内容易引发自然灾害、事故灾难和公共卫生事件的危险源、危险区域进行调查、登记、风险评估，定期进行检查、监控，并责令有关单位采取安全防范措施。 省级和设区的市级人民政府应当对本行政区域内容易引发特别重大、重大突发事件的危险源、危险区域进行调查、登记、风险评估，组织进行检查、监控，并责令有关单位采取安全防范措施。 县级以上地方各级人民政府按照本法规定登记的危险源、危险区域，应当按照国家规定及时向社会公布。

1. 对危险源、危险区域进行调查、登记，是突发事件预防与应急准备的重要基础性工作。科学地对危险源、危险区域发生突发事件的风险进行评估，可以为有效预防、正确处置可能发生的突发事件，完善应对突发事件的基础条件，优化资源配置，降低发生突发事件的风险等工作提供科学依据。

2. 此次修法，进一步细化和明确县级以上地方人民政府调整登记危险源、危险区域的要求，以及接入突发事件信息系统的义务。

第三十四条　【及时调处矛盾纠纷】

第三十四条　县级人民政府及其有关部门、乡级人民政府、街道办事处、居民委员会、村民委员会应当及时调解处理可能引发社会安全事件的矛盾纠纷。	第二十一条　县级人民政府及其有关部门、乡级人民政府、街道办事处、居民委员会、村民委员会应当及时调解处理可能引发社会安全事件的矛盾纠纷。

县级人民政府及其有关部门、乡级人民政府、街道办事处和居委会、村委会等群众自治组织，直接与广大人民群众接触，能够及时了解人民群众的思想状况和他们之间存在的矛盾纠纷。本法规定这些基层行政机关和群众自治组织应当大力开展矛盾纠纷的排查和调处工作，及时化解各种矛盾纠纷，并加强思想政治工作，解决人民群众思想上存在的问题，以避免矛盾纠纷激化或者群众产生过激行为，引发社会安全事件。

第三十五条　【安全管理制度】

第三十五条　所有单位应当建立健全安全管理制度，**定期开展危险源辨识评估，制定安全防范措施；**定期检查本单位各项安全防范措施的落实情况，及时消除事故隐患；掌握并及时处理本单	第二十二条　所有单位应当建立健全安全管理制度，定期检查本单位各项安全防范措施的落实情况，及时消除事故隐患；掌握并及时处理本单位存在的可能引发社会安全事件的问题，防止矛

位存在的可能引发社会安全事件的问题，防止矛盾激化和事态扩大；对本单位可能发生的突发事件和采取安全防范措施的情况，应当按照规定及时向所在地人民政府或者有关部门报告。	盾激化和事态扩大；对本单位可能发生的突发事件和采取安全防范措施的情况，应当按照规定及时向所在地人民政府或者人民政府有关部门报告。

1. 所有单位都要根据各自的实际情况，针对本单位可能发生的各种突发事件，建立健全相应的安全管理制度、采取有效的安全防范措施。各单位都要对本单位落实各项安全防范措施的情况定期进行检查，逐一排查可能引发突发事件的隐患和风险，并及时予以消除。

2. 各单位都要注意随时了解、掌握本单位产生矛盾纠纷以及其他可能引发社会安全事件的各种问题，及时做好思想工作和矛盾纠纷排查、调处工作，避免矛盾激化和事态扩大。

3. 各单位都要按照规定，及时向所在地人民政府或者政府有关部门报告本单位可能发生的突发事件和采取安全防范措施的情况，使地方人民政府能够及时掌握本行政区域内存在的引发各种突发事件的风险和隐患，监督检查有关单位采取安全防范措施的情况，并及时责令或者帮助有关单位消除隐患和风险。

4. 此次修法增加规定安全管理制度要求，即定期开展危险源辨识评估，制定安全防范措施。

第三十六条　【矿山和危险物品单位预防义务】

第三十六条　矿山、**金属冶炼**、建筑施工单位和易燃易爆物品、危险化学品、放射性物品等危险物品的生产、经营、**运输、储存**、使用单位，应当制定具体应急预案，**配备必要的应急救援器材、设备和物资**，并对生产经营场所、有危险物品的建筑物、构筑物及周边环境开展隐患排查，	第二十三条　矿山、建筑施工单位和易燃易爆物品、危险化学品、放射性物品等危险物品的生产、经营、储运、使用单位，应当制定具体应急预案，并对生产经营场所、有危险物品的建筑物、构筑物及周边环境开展隐患排查，及时采取措施消除隐患，防止发生突发事件。

及时采取措施**管控风险和**消除隐患，防止发生突发事件。	

1. 矿山、金属冶炼、建筑施工单位和易燃易爆物品、危险化学品、放射性物品等危险物品的生产、经营、运输、储存、使用单位，从事的是高风险行业，发生事故灾难等突发事件的可能性要远远大于一般行业，本法对其安全管理作出专门规定。

2. 此次修法增加规定应当制定应急预案的单位，即金属冶炼单位和危险物品的运输、储存单位，与安全生产法等有关规定保持衔接。

2. 此次修法增加规定有关单位配备必要的应急救援器材、设备和物资的安全防范要求。

第三十七条　【人员密集场所经营单位或者管理单位的预防义务】

第三十七条　公共交通工具、公共场所和其他人员密集场所的经营单位或者管理单位应当制定具体应急预案，为交通工具和有关场所配备报警装置和必要的应急救援设备、设施，注明其使用方法，并显著标明安全撤离的通道、路线，保证安全通道、出口的畅通。 有关单位应当定期检测、维护其报警装置和应急救援设备、设施，使其处于良好状态，确保正常使用。	第二十四条　公共交通工具、公共场所和其他人员密集场所的经营单位或者管理单位应当制定具体应急预案，为交通工具和有关场所配备报警装置和必要的应急救援设备、设施，注明其使用方法，并显著标明安全撤离的通道、路线，保证安全通道、出口的畅通。 有关单位应当定期检测、维护其报警装置和应急救援设备、设施，使其处于良好状态，确保正常使用。

1. 公共交通工具、影剧院、旅馆、商场、车站、机场等人员密集场所的经营单位或者管理单位，都必须针对各自可能发生的突发事件的种类、性质、特点和可能造成的社会危害等情况，制定具体应急预案。

2. 人员密集场所的经营或者管理单位还必须对其报警装置和应急救援设备、设施定期进行检测、维护，使其处于良好状态，确保在紧急情况下能够正常使用，而不应使其成为一种摆设。

第三十八条 【应对管理培训制度】

第三十八条 县级以上人民政府应当建立健全突发事件应对管理培训制度，对人民政府及其有关部门负有突发事件**应对管理**职责的工作人员**以及居民委员会、村民委员会有关人员**定期进行培训。	第二十五条 县级以上人民政府应当建立健全突发事件应急管理培训制度，对人民政府及其有关部门负有处置突发事件职责的工作人员定期进行培训。

1. 突发事件应对工作的专业性很强。各级政府和政府有关部门担负着组织、指挥应对各类突发事件、确保公共安全的重要职责。政府和政府有关部门的领导和工作人员只有掌握相应的应对管理知识，才能有效履行职责，保证人民生命财产安全。

2. 根据本法第二十二条居民委员会、村民委员会协助人民政府和有关部门做好突发事件应对的要求，将有关人员纳入突发事件应对管理培训范围，提升基层应对突发事件的能力。

第三十九条 【应急救援队伍】

第三十九条 **国家综合性消防救援队伍是应急救援的综合性常备骨干力量，按照国家有关规定执行综合应急救援任务。**县级以上人民政府有关部门可以根据实际需要设立专业应急救援队伍。 县级以上人民政府及其有关部门可以建立由成年志愿者组成的	第二十六条 县级以上人民政府应当整合应急资源，建立或者确定综合性应急救援队伍。人民政府有关部门可以根据实际需要设立专业应急救援队伍。 县级以上人民政府及其有关部门可以建立由成年志愿者组成的应急救援队伍。单位应当建立由

应急救援队伍。**乡级人民政府、街道办事处和有条件的居民委员会、村民委员会可以建立基层应急救援队伍，及时、就近开展应急救援**。单位应当建立由本单位职工组成的专职或者兼职应急救援队伍。 **国家鼓励和支持社会力量建立提供社会化应急救援服务的应急救援队伍。社会力量建立的应急救援队伍参与突发事件应对工作应当服从履行统一领导职责或者组织处置突发事件的人民政府、突发事件应急指挥机构的统一指挥。** 县级以上人民政府应当**推动**专业应急救援队伍与非专业应急救援队伍联合培训、联合演练，提高合成应急、协同应急的能力。	本单位职工组成的专职或者兼职应急救援队伍。 县级以上人民政府应当加强专业应急救援队伍与非专业应急救援队伍的合作，联合培训、联合演练，提高合成应急、协同应急的能力。

1. 根据党和国家机构改革方案以及国家综合性消防救援队伍定位，规定国家综合性消防救援队伍是应急救援的综合性常备骨干力量，按照国家有关规定执行综合应急救援任务。

2. 根据乡级人民政府、街道办事处和居民委员会、村民委员会承担的突发事件应对职责，规定其可以建立基层应急救援队伍，及时、就近开展应急救援。

3. 增加规定提供社会化应急救援服务的应急救援队伍建设和履职要求。

第四十条 【应急救援人员人身保险和资格要求】

第四十条 **地方各级人民政府**、县级以上人民政府有关部门、有关单位应当为**其组建的**应急救援**队伍**购买人身意外伤害保险，配备必要的防护装备和器材，**防范和**减少应急救援人员的人身伤害风险。 **专业应急救援人员应当具备相应的身体条件、专业技能和心理素质，取得国家规定的应急救援职业资格，具体办法由国务院应急管理部门会同国务院有关部门制定。**	第二十七条 国务院有关部门、县级以上地方各级人民政府及其有关部门、有关单位应当为专业应急救援人员购买人身意外伤害保险，配备必要的防护装备和器材，减少应急救援人员的人身风险。

1. 有关政府、部门和单位应当为其组建的专业应急救援队伍购买人身意外伤害保险，使其意外受到伤害时，能够得到及时救治和救助。

2. 有关政府、部门和单位要针对专业应急救援人员的工作性质，负责处置的突发事件的种类、性质、特点和可能给应急救援人员产生的伤害，配备相应的防护装备和器材，以便尽可能减少对应急救援人员的人身伤害。

3. 此次修法，增加规定专业应急救援人员应当具备相应的身体条件、专业技能和心理素质，以及相应的资格要求，并授权国务院应急管理部门会同国务院有关部门制定具体办法。

第四十一条 【解放军、武警和民兵专门训练】

第四十一条 中国人民解放军、中国人民武装警察部队和民兵组织应当有计划地组织开展应急救援的专门训练。	第二十八条 中国人民解放军、中国人民武装警察部队和民兵组织应当有计划地组织开展应急救援的专门训练。

人民解放军、武装警察部队和民兵组织在抓好军事训练的同时，应当根据各自的实际情况和任务，制定专门计划，组织开展有关突发事件应急救援知识和技能的培训，组织现役军人、武警部队官兵和民兵开展专门训练。

第四十二条 【应急知识宣传普及和应急演练】

第四十二条　县级人民政府及其有关部门、乡级人民政府、街道办事处应当组织开展**面向社会公众的**应急知识宣传普及活动和必要的应急演练。 居民委员会、村民委员会、企业事业单位**、社会组织**应当根据所在地人民政府的要求，结合各自的实际情况，开展**面向居民、村民、职工等的**应急知识宣传普及活动和必要的应急演练。	第二十九条第一款、第二款　县级人民政府及其有关部门、乡级人民政府、街道办事处应当组织开展应急知识的宣传普及活动和必要的应急演练。 居民委员会、村民委员会、企业事业单位应当根据所在地人民政府的要求，结合各自的实际情况，开展有关突发事件应急知识的宣传普及活动和必要的应急演练。

1. 县级政府及其有关部门、乡级政府、街道办事处等基层行政机关要组织开展面向社会公众的应急知识宣传普及活动和必要的应急演练。

2. 群众自治组织、企业事业单位和社会组织要结合各自的实际情况开展有关突发事件应急知识的宣传普及活动和必要的应急演练。

3. 此次修法，增加相关规定，强调应急知识普及宣传应当面向社会公众；增加规定社会组织开展应急知识宣传普及活动和必要应急演练的要求。

第四十三条 【学校的应急教育和演练义务】

第四十三条　各级各类学校应当把应急教育纳入**教育**教学**计划**，对学生**及教职工开展**应急知识	第三十条　各级各类学校应当把应急知识教育纳入教学内容，对学生进行应急知识教育，培养学

教育和应急演练，培养安全意识，提高自救与互救能力。 教育主管部门应当对学校开展应急教育进行指导和监督，应急管理等部门应当给予支持。	生的安全意识和自救与互救能力。 教育主管部门应当对学校开展应急知识教育进行指导和监督。

1. 各级各类学校包括从事普通教育的大、中、小学，也包括职业学校等其他教育机构。

2. 各级各类学校在安排应急知识的教学内容时，应当根据学生的年龄特征，有针对性地选择教学内容。

3. 此次修法，进一步强化各级各类学校应急教育和应急演练要求，应急管理部门应当通过多种形式对学校开展应急教育给予支持。

第四十四条 【经费保障】

第四十四条　各级人民政府应当将突发事件应对工作所需经费纳入本级预算，并加强资金管理，提高资金使用绩效。	第三十一条　国务院和县级以上地方各级人民政府应当采取财政措施，保障突发事件应对工作所需经费。

1. 做好各类突发事件应对工作，经费保障是最重要的前提条件。县级以上各级人民政府应高度重视突发事件预防与应急准备、监测与预警、应急处置与救援、事后恢复与重建等应对突发事件各个环节的资金投入。

2. 此次修法，明确突发事件应对工作经费纳入本级预算，提供财政保障；强调资金管理，提高资金使用绩效。

第四十五条 【应急物资储备保障制度和目录】

第四十五条　国家按照集中管理、统一调拨、平时服务、灾时应急、采储结合、节约高效的原则，建立健全应急物资储备保障	第三十二条第一款　国家建立健全应急物资储备保障制度，完善重要应急物资的监管、生产、储备、调拨和紧急配送体系。

制度，**动态更新应急物资储备品种目录，**完善重要应急物资的监管、生产、**采购、**储备、调拨和紧急配送体系，**促进安全应急产业发展，优化产业布局。** **国家储备物资品种目录、总体发展规划，由国务院发展改革部门会同国务院有关部门拟订。国务院应急管理等部门依据职责制定应急物资储备规划、品种目录，并组织实施。应急物资储备规划应当纳入国家储备总体发展规划。**	

1. 物资供应在突发事件应急处置中发挥着重要作用，应急物资储备是突发事件应急准备的重要方面。此次修法，明确国家建立健全应急物资储备保障制度应当遵循的原则，即集中管理、统一调拨、平时服务、灾时应急、采储结合、节约高效。

2. 应急物资储备品种目录关系应急物资储备能力建设，应当动态更新，促进安全应急产业发展，优化产业布局。修法进一步明确了国务院发展改革部门、应急管理部门拟订、制定有关目录、规划的职责分工。

第四十六条　【应急救援物资、装备等生产、供应和储备】

第四十六条　设区的市级以上人民政府和突发事件易发、多发地区的县级人民政府应当建立应急救援物资、生活必需品和应急处置装备的储备**保障**制度。 县级以上地方人民政府应当根据本地区的实际情况**和突发事件应对工作的需要，依法**与**有条件**	第三十二条第二款、第三款　设区的市级以上人民政府和突发事件易发、多发地区的县级人民政府应当建立应急救援物资、生活必需品和应急处置装备的储备制度。 县级以上地方各级人民政府应当根据本地区的实际情况，与有

的企业签订协议，保障应急救援物资、生活必需品和应急处置装备的生产、供给。**有关企业应当根据协议，按照县级以上地方人民政府要求，进行应急救援物资、生活必需品和应急处置装备的生产、供给，并确保符合国家有关产品质量的标准和要求。** **国家鼓励公民、法人和其他组织储备基本的应急自救物资和生活必需品。有关部门可以向社会公布相关物资、物品的储备指南和建议清单。**	关企业签订协议，保障应急救援物资、生活必需品和应急处置装备的生产、供给。

1. 增加规定有关企业根据协议生产、供给，并确保符合国家有关产品质量的标准和要求，运用市场化手段解决应急救援物资等供应问题。

2. 增加基本应急自救物资和生活必需品储备规定，确保公民、法人和其他组织开展自救和互助。

第四十七条　【应急运输保障】

第四十七条　国家建立健全应急运输保障体系，统筹铁路、公路、水运、民航、邮政、快递等运输和服务方式，制定应急运输保障方案，保障应急物资、装备和人员及时运输。 **县级以上地方人民政府和有关主管部门应当根据国家应急运输保障方案，结合本地区实际做好应急调度和运力保障，确保运输通道和客货运枢纽畅通。** **国家发挥社会力量在应急运输**	新增条文

保障中的积极作用。社会力量参与突发事件应急运输保障，应当服从突发事件应急指挥机构的统一指挥。	

1. 增加规定应急运输保障体系，统筹铁路、公路、水运、民航、邮政、快递等运输和服务方式。

2. 增加规定县级以上地方人民政府和有关主管部门确保运输通道和客货运枢纽畅通的义务。

3. 增加规定社会力量在应急运输保障中的作用和有关义务，应当服从突发事件应急指挥机构的统一指挥。

第四十八条　【能源应急保障】

第四十八条　国家建立健全能源应急保障体系，提高能源安全保障能力，确保受突发事件影响地区的能源供应。	新增条文

能源应急保障，是指国家为应对能源供应严重短缺、供应中断、价格剧烈波动等能源紧急事态，采取各种措施确保社会生产和生活的基本能源供应，以保障经济平稳和社会稳定的一种制度。此次修法，增加规定能源应急保障体系建设，以及能源应急保障的目的和功能。

第四十九条　【应急通信和广播保障】

第四十九条　国家建立健全应急通信、**应急广播**保障体系，**加强应急通信系统、应急广播系统建设**，确保突发事件应对工作的通信、**广播安全**畅通。	第三十三条　国家建立健全应急通信保障体系，完善公用通信网，建立有线与无线相结合、基础电信网络与机动通信系统相配套的应急通信系统，确保突发事件应对工作的通信畅通。

1. 应急通信，是指在出现自然的或人为的突发性紧急情况以及通信需求骤增时，综合利用各种通信资源，保障救援、紧急救助和必要通信所需的通信手段和方法，是一种具有暂时性的、为应对自然或人为紧急情况而提供的特殊通信机制。

2. 应急广播，是指利用广播电视、网络视听等信息传送方式，向公众或特定区域、特定人群播发应急信息的传送播出系统。应急广播体系是国家公共服务体系的重要内容，是国家应急体系和防灾减灾体系的重要组成部分。

3. 此次修法，在应急通信系统基础上，增加规定应急广播系统建设，确保突发事件应对工作的通信、广播安全畅通。

第五十条 【卫生应急体系】

第五十条　国家建立健全突发事件卫生应急体系，组织开展突发事件中的医疗救治、卫生学调查处置和心理援助等卫生应急工作，有效控制和消除危害。	新增条文

1. 突发事件卫生应急要求，是指突发事件发生后，各项医疗卫生救援工作迅速、高效、有序地进行，卫生部门通过提高应对各类突发公共事件的应急反应能力和医疗卫生救援水平，最大程度地减少人员伤亡和健康危害，保障人民群众身体健康和生命安全，维护社会稳定。

2. 根据实践经验和实际需求，此次修法增加规定突发事件卫生应急体系及其主要工作内容，即组织开展医疗救治、卫生学调查处置和心理援助等。

第五十一条 【急救医疗服务网络建设】

第五十一条　县级以上人民政府应当加强急救医疗服务网络的建设，配备相应的医疗救治物资、	新增条文

设施设备和人员，提高医疗卫生机构应对各类突发事件的救治能力。	

根据实践经验和实际需求，增加规定县级以上人民政府应当加强急救医疗服务网络的建设，并规定物资、设施设备和人员配备，以及救治能力建设等要求。

第五十二条　【鼓励社会力量支持】

第五十二条　国家鼓励公民、法人和其他组织为突发事件**应对**工作提供物资、资金、技术支持和捐赠。 **接受捐赠的单位应当及时公开接受捐赠的情况和受赠财产的使用、管理情况，接受社会监督。**	第三十四条　国家鼓励公民、法人和其他组织为人民政府应对突发事件工作提供物资、资金、技术支持和捐赠。

1. 为调动社会各方面力量参与和支持政府应对突发事件工作的积极性，本法明确规定国家鼓励公民、法人和其他组织为突发事件应对工作提供物资、资金、技术支持和捐赠。

2. 根据慈善有关法律法规的规定，明确接受捐赠的单位对有关情况的公开义务，加强对应急慈善的社会监督。

第五十三条　【紧急救援、人道救助和应急慈善】

第五十三条　红十字会在突发事件中，应当对伤病人员和其他受害者提供紧急救援和人道救助，并协助人民政府开展与其职责相关的其他人道主义服务活动。有关人民政府应当给予红十字会支持和资助，保障其依法参与应对突发事件。	新增条文

慈善组织在发生重大突发事件时开展募捐和救助活动，应当在有关人民政府的统筹协调、有序引导下依法进行。有关人民政府应当通过提供必要的需求信息、政府购买服务等方式，对慈善组织参与应对突发事件、开展应急慈善活动予以支持。	
1. 增加规定红十字会在突发事件应对中开展紧急救援、人道救助并协助人民政府开展人道主义服务活动，以及人民政府给予支持和资助。 2. 增加规定慈善组织依法有序开展募捐和救助活动，以及有关人民政府提供需求信息、政府购买服务等支持方式。	

第五十四条　【救援资金和物资管理】

第五十四条　有关单位应当加强应急救援资金、物资的管理，提高使用效率。 任何单位和个人不得截留、挪用、私分或者变相私分应急救援资金、物资。	新增条文
救援资金、物资是突发事件应对的重要物质保障，本法对其管理和禁止性义务作出明确规定。	

第五十五条　【巨灾风险保险体系】

第五十五条　国家发展保险事业，建立**政府支持、社会力量参与、市场化运作**的巨灾风险保险体系，并鼓励单位和**个人**参加保险。	第三十五条　国家发展保险事业，建立国家财政支持的巨灾风险保险体系，并鼓励单位和公民参加保险。

1. 灾害保险是灾害保障的基本方式之一，是指以社会保险的形式来为某些受灾者提供保障的制度。

2. 巨灾风险保险与其他商业保险不同，是一种完全不营利的保险事业，旨在保证人民生命财产安全，最大限度避免和减少重特大突发事件造成的损失。这种保险需要由国家财政给予支持。

3. 巨灾风险保险不是强制险，而是鼓励单位和公民个人自愿参加。对于一些重特大突发事件易发、多发地区的单位和个人而言，应当积极参加这种保险。此次修法，增加巨灾保险体系社会力量参与、市场化运作等特征和要求。

第五十六条 【技术应用、人才培养和研究开发】

第五十六条　国家**加强应急管理基础科学、重点行业领域关键核心技术的研究，加强互联网、云计算、大数据、人工智能等现代技术手段在突发事件应对工作中的应用，**鼓励、扶持**有**条件的教学科研机构**、企业**培养应急管理人才**和科技人才，研发、推广**新技术、**新材料**、新设备和新工具**，提高突发事件应对能力**。	第三十六条　国家鼓励、扶持具备相应条件的教学科研机构培养应急管理专门人才，鼓励、扶持教学科研机构和有关企业研究开发用于突发事件预防、监测、预警、应急处置与救援的新技术、新设备和新工具。

通过完善有关技术支持措施，推动发挥科学技术在突发事件应对中的作用，在突发事件应对中加强现代技术手段的依法应用，加强应急科学和核心技术研究，加大应急管理人才和科技人才培养力度，不断提高突发事件应对能力，为突发事件应对工作提供更坚实技术支持。

第五十七条 【专家咨询论证制度】

第五十七条　县级以上人民政府及其有关部门应当建立健全突发事件专家咨询论证制度，发挥专业人员在突发事件应对工作中的作用。	新增条文

通过建立健全突发事件专家咨询论证制度，发挥专业人员在突发事件应对工作中的作用，提高有关决策和措施的专业性、公正性和权威性。

第四章　监测与预警

第五十八条　【突发事件监测制度】

第五十八条　国家建立健全突发事件监测制度。 县级以上人民政府及其有关部门应当根据自然灾害、事故灾难和公共卫生事件的种类和特点，建立健全基础信息数据库，完善监测网络，划分监测区域，确定监测点，明确监测项目，提供必要的设备、设施，配备专职或者兼职人员，对可能发生的突发事件进行监测。	第四十一条　国家建立健全突发事件监测制度。 县级以上人民政府及其有关部门应当根据自然灾害、事故灾难和公共卫生事件的种类和特点，建立健全基础信息数据库，完善监测网络，划分监测区域，确定监测点，明确监测项目，提供必要的设备、设施，配备专职或者兼职人员，对可能发生的突发事件进行监测。
本条是关于建立健全突发事件监测制度的规定，未作修改。	

第五十九条　【突发事件信息系统】

第五十九条　国务院建立全国统一的突发事件信息系统。 县级以上地方人民政府应当建立或者确定本地区统一的突发事件信息系统，汇集、储存、分析、传输有关突发事件的信息，并与上级人民政府及其有关部门、下级人民政府及其有关部门、专业机构、监测网点**和重点企业**的突发事件信息系统实现互联互通，	第三十七条　国务院建立全国统一的突发事件信息系统。 县级以上地方各级人民政府应当建立或者确定本地区统一的突发事件信息系统，汇集、储存、分析、传输有关突发事件的信息，并与上级人民政府及其有关部门、下级人民政府及其有关部门、专业机构和监测网点的突发事件信息系统实现互联互通，加强跨部门、

<table>
<tr><td>加强跨部门、跨地区的信息共享与情报合作。</td><td>跨地区的信息交流与情报合作。</td></tr>
<tr><td colspan="2">1. 突发事件信息系统，是指汇集、储存、分析、评估、传输突发事件发生、发展情况的信息网络和体系。本法要求，国务院要建立全国统一的突发事件信息系统；县级以上地方人民政府应当建立或者确定突发事件信息系统，并实现有关信息系统互联互通。
2. 不同地区、部门之间要加强信息交流与情报合作。信息交流可以采取定期通报的方式，也可以采取情报交换的方式。不论采取何种方式交流信息，都应当全面、准确、及时，便于相关地方和部门做好预防和应急准备。
3. 此次修法，增加规定重点企业的突发事件信息系统与政府建立的突发事件信息系统互联互通，充分发挥重点企业的信息收集和应用功能。</td></tr>
</table>

第六十条　【突发事件信息收集制度】

<table>
<tr><td>第六十条　县级以上人民政府及其有关部门、专业机构应当通过多种途径收集突发事件信息。
县级人民政府应当在居民委员会、村民委员会和有关单位建立专职或者兼职信息报告员制度。
公民、法人或者其他组织发现发生突发事件，或者发现可能发生突发事件的异常情况，应当立即向所在地人民政府、有关主管部门或者指定的专业机构报告。接到报告的单位应当按照规定立即核实处理，对于不属于其职责的，应当立即移送相关单位核实处理。</td><td>第三十八条　县级以上人民政府及其有关部门、专业机构应当通过多种途径收集突发事件信息。
县级人民政府应当在居民委员会、村民委员会和有关单位建立专职或者兼职信息报告员制度。
获悉突发事件信息的公民、法人或者其他组织，应当立即向所在地人民政府、有关主管部门或者指定的专业机构报告。</td></tr>
</table>

1. 政府及其有关部门、专业机构是应对突发事件的主体，收集突发事件信息是其重要职责，也是做好突发事件预警工作的前提，应当主动多渠道收集突发事件信息。

2. 县级人民政府应当在居民委员会、村民委员会和有关单位建立专职或者兼职信息报告员制度，通过信息报告员收集信息。

3. 公民、法人或者其他组织的突发事件信息报告义务。此次修法增加规定应当立即报告信息的情形，即发现发生突发事件，或者发现可能发生突发事件的异常情况；同时，增加规定接到报告的单位的核实处理和转送等义务。

第六十一条 【突发事件信息报告制度】

第六十一条　地方各级人民政府应当按照国家有关规定向上级人民政府报送突发事件信息。县级以上人民政府有关主管部门应当向本级人民政府相关部门通报突发事件信息，**并报告上级人民政府主管部门**。专业机构、监测网点和信息报告员应当及时向所在地人民政府及其有关主管部门报告突发事件信息。 有关单位和人员报送、报告突发事件信息，应当做到及时、客观、真实，不得迟报、谎报、瞒报、漏报，**不得授意他人迟报、谎报、瞒报，不得阻碍他人报告**。	第三十九条　地方各级人民政府应当按照国家有关规定向上级人民政府报送突发事件信息。县级以上人民政府有关主管部门应当向本级人民政府相关部门通报突发事件信息。专业机构、监测网点和信息报告员应当及时向所在地人民政府及其有关主管部门报告突发事件信息。 有关单位和人员报送、报告突发事件信息，应当做到及时、客观、真实，不得迟报、谎报、瞒报、漏报。

1. 信息报告是应急管理运行机制的重要环节，及时、准确的信息报告，有利于政府全面掌握突发事件的发生和发展态势，采取积极有效的措施，最大限度地减少突发事件的发生以及造成的损失，保障人民群众的生命财产安全。

2. 此次修法，完善信息报告制度，增加规定政府有关主管部门向上级政府主管部门报告义务，并增加规定有关单位和人员的禁止行为，即“不得授意他人迟报、谎报、瞒报，不得阻碍他人报告”。

第六十二条　【突发事件信息评估制度】

第六十二条　县级以上地方人民政府应当及时汇总分析突发事件隐患和**监测**信息，必要时组织相关部门、专业技术人员、专家学者进行会商，对发生突发事件的可能性及其可能造成的影响进行评估；认为可能发生重大或者特别重大突发事件的，应当立即向上级人民政府报告，并向上级人民政府有关部门、当地驻军和可能受到危害的毗邻或者相关地区的人民政府通报，**及时采取预防措施**。	第四十条　县级以上地方各级人民政府应当及时汇总分析突发事件隐患和预警信息，必要时组织相关部门、专业技术人员、专家学者进行会商，对发生突发事件的可能性及其可能造成的影响进行评估；认为可能发生重大或者特别重大突发事件的，应当立即向上级人民政府报告，并向上级人民政府有关部门、当地驻军和可能受到危害的毗邻或者相关地区的人民政府通报。

1. 本条的主要内容：一是规定了县级以上地方人民政府对突发事件信息的处理职责；二是规定了突发事件信息咨询、会商机制；三是规定了县级以上地方人民政府的信息报告和通报义务。此次修法，针对评估发现可能发生重大或者特别重大事件的情形，增加规定“及时采取预防措施”。

2. 地方各级人民政府应当定期或者不定期地对突发事件信息进行汇总、分析，并制度化、规范化，要建立突发事件应急咨询系统，加强专家队伍建设，健全专家咨询、会商突发事件信息的工作机制，使政府决策获得更多的智力支持和技术支持。

第六十三条　【突发事件预警制度】

第六十三条　国家建立健全突发事件预警制度。 可以预警的自然灾害、事故灾难和公共卫生事件的预警级别，按照突发事件发生的紧急程度、发展势态和可能造成的危害程度分为一级、二级、三级和四级，分别用红色、橙色、黄色和蓝色标示，一级为最高级别。 预警级别的划分标准由国务院或者国务院确定的部门制定。	第四十二条　国家建立健全突发事件预警制度。 可以预警的自然灾害、事故灾难和公共卫生事件的预警级别，按照突发事件发生的紧急程度、发展势态和可能造成的危害程度分为一级、二级、三级和四级，分别用红色、橙色、黄色和蓝色标示，一级为最高级别。 预警级别的划分标准由国务院或者国务院确定的部门制定。

1. 突发事件预警制度，是指根据有关突发事件的预测信息和风险评估结果，依据突发事件可能造成的危害程度、紧急程度和发展态势，确定相应预警级别，标示预警颜色，并向社会发布相关信息的制度。

2. 预警级别的划分标准由国务院或者国务院确定的部门制定。考虑到不同的突发事件的性质、机理、发展过程的不同，法律难以对各类突发事件预警级别规定统一的划分标准，因此，本条规定，预警级别的划分标准由国务院或者国务院确定的部门制定。

第六十四条　【预警信息发布、报告和通报】

第六十四条　可以预警的自然灾害、事故灾难或者公共卫生事件即将发生或者发生的可能性增大时，县级以上地方人民政府应当根据有关法律、行政法规和国务院规定的权限和程序，发布相应级别的警报，决定并宣布有关地区进入预警期，同时向上一级人民政府报告，必要时可以越级	第四十三条　可以预警的自然灾害、事故灾难或者公共卫生事件即将发生或者发生的可能性增大时，县级以上地方各级人民政府应当根据有关法律、行政法规和国务院规定的权限和程序，发布相应级别的警报，决定并宣布有关地区进入预警期，同时向上一级人民政府报告，必要时可以

上报；**具备条件的，应当进行网络直报或者自动速报；同时**向当地驻军和可能受到危害的毗邻或者相关地区的人民政府通报。 **发布警报应当明确预警类别、级别、起始时间、可能影响的范围、警示事项、应当采取的措施、发布单位和发布时间等。**	越级上报，并向当地驻军和可能受到危害的毗邻或者相关地区的人民政府通报。

1. 全面、准确地收集、传递、处理和发布突发事件预警信息，一方面有利于应急处置机构对事态发展进行科学分析和最终做出准确判断，从而采取有效措施将危机消灭在萌芽状态，或者为突发事件发生后具体应急工作的展开赢得宝贵的准备时间；另一方面有利于社会公众知晓突发事件的发展态势，以便及时采取有效防护措施避免损失，并做好有关自救、他救准备。

2. 此次修法，增加规定发布预警的人民政府具备条件的，应当进行网络直报或者自动速报提高报告效率，打通信息报告上行渠道；同时，增加规定发布警报应当明确的内容，便于各级政府准确掌握和执行。

第六十五条 【预警信息发布】

第六十五条 **国家建立健全突发事件预警发布平台，按照有关规定及时、准确向社会发布突发事件预警信息。** **广播、电视、报刊以及网络服务提供者、电信运营商应当按照国家有关规定，建立突发事件预警信息快速发布通道，及时、准确、无偿播发或者刊载突发事件预警信息。** **公共场所和其他人员密集场所，应当指定专门人员负责突发事**	新增条文

件预警信息接收和传播工作，做好相关设备、设施维护，确保突发事件预警信息及时、准确接收和传播。	

建立健全预警发布平台和预警信息快速发布通道，特别要求公共场所和其他人员密集场所要确保突发事件预警信息及时、准确接收和传播，为突发事件应对处置争取时间，最大限度降低负面影响和危害。

第六十六条　【三级、四级预警措施】

第六十六条　发布三级、四级警报，宣布进入预警期后，县级以上地方人民政府应当根据即将发生的突发事件的特点和可能造成的危害，采取下列措施： （一）启动应急预案； （二）责令有关部门、专业机构、监测网点和负有特定职责的人员及时收集、报告有关信息，向社会公布反映突发事件信息的渠道，加强对突发事件发生、发展情况的监测、预报和预警工作； （三）组织有关部门和机构、专业技术人员、有关专家学者，随时对突发事件信息进行分析评估，预测发生突发事件可能性的大小、影响范围和强度以及可能发生的突发事件的级别； （四）定时向社会发布与公众有关的突发事件预测信息和分析评估结果，并对相关信息的报道工作进行管理；	第四十四条　发布三级、四级警报，宣布进入预警期后，县级以上地方各级人民政府应当根据即将发生的突发事件的特点和可能造成的危害，采取下列措施： （一）启动应急预案； （二）责令有关部门、专业机构、监测网点和负有特定职责的人员及时收集、报告有关信息，向社会公布反映突发事件信息的渠道，加强对突发事件发生、发展情况的监测、预报和预警工作； （三）组织有关部门和机构、专业技术人员、有关专家学者，随时对突发事件信息进行分析评估，预测发生突发事件可能性的大小、影响范围和强度以及可能发生的突发事件的级别； （四）定时向社会发布与公众有关的突发事件预测信息和分析评估结果，并对相关信息的报道工作进行管理；

（五）及时按照有关规定向社会发布可能受到突发事件危害的警告，宣传避免、减轻危害的常识，公布咨询**或者求助**电话**等联络方式和渠道**。	（五）及时按照有关规定向社会发布可能受到突发事件危害的警告，宣传避免、减轻危害的常识，公布咨询电话。

1. 发布三级、四级预警级别后，预警工作的作用主要是及时、全面地收集、交流、沟通有关突发事件的信息，并在组织综合评估和分析判断的基础上，对突发事件可能出现的趋势和问题，由政府及其有关部门发布警报，决定和宣布进入预警期，并及时采取相应的预警措施，有效消除产生突发事件的各种因素，尽量避免突发事件的发生。

2. 本条规定发布三级、四级警报，宣布进入预警期后政府采取的措施，结合网络信息运用普及的情况，此次修法丰富了咨询、求助等联络方式和渠道，方便社会公众咨询和求助。

第六十七条　【一级、二级预警措施】

第六十七条　发布一级、二级警报，宣布进入预警期后，县级以上地方人民政府除采取本法**第六十六条**规定的措施外，还应当针对即将发生的突发事件的特点和可能造成的危害，采取下列一项或者多项措施： （一）责令应急救援队伍、负有特定职责的人员进入待命状态，并动员后备人员做好参加应急救援和处置工作的准备； （二）调集应急救援所需物资、设备、工具，准备应急设施和**应急**避难、**封闭隔离、紧急医疗救治等**场所，并确保其处于良好状态、随时可以投入正常使用；	第四十五条　发布一级、二级警报，宣布进入预警期后，县级以上地方各级人民政府除采取本法第四十四条规定的措施外，还应当针对即将发生的突发事件的特点和可能造成的危害，采取下列一项或者多项措施： （一）责令应急救援队伍、负有特定职责的人员进入待命状态，并动员后备人员做好参加应急救援和处置工作的准备； （二）调集应急救援所需物资、设备、工具，准备应急设施和避难场所，并确保其处于良好状态、随时可以投入正常使用； （三）加强对重点单位、重要

（三）加强对重点单位、重要部位和重要基础设施的安全保卫，维护社会治安秩序； （四）采取必要措施，确保交通、通信、供水、排水、供电、供气、供热、**医疗卫生、广播电视、气象**等公共设施的安全和正常运行； （五）及时向社会发布有关采取特定措施避免或者减轻危害的建议、劝告； （六）转移、疏散或者撤离易受突发事件危害的人员并予以妥善安置，转移重要财产； （七）关闭或者限制使用易受突发事件危害的场所，控制或者限制容易导致危害扩大的公共场所的活动； （八）法律、法规、规章规定的其他必要的防范性、保护性措施。	部位和重要基础设施的安全保卫，维护社会治安秩序； （四）采取必要措施，确保交通、通信、供水、排水、供电、供气、供热等公共设施的安全和正常运行； （五）及时向社会发布有关采取特定措施避免或者减轻危害的建议、劝告； （六）转移、疏散或者撤离易受突发事件危害的人员并予以妥善安置，转移重要财产； （七）关闭或者限制使用易受突发事件危害的场所，控制或者限制容易导致危害扩大的公共场所的活动； （八）法律、法规、规章规定的其他必要的防范性、保护性措施。

1. 发布一、二级警报后，政府采取的主要是一些防范、部署、保护性的措施，目的在于选择、确定切实有效的对策，作出有针对性的部署安排，采取必要的前期措施，及时应对即将到来的危机，并保障有关人员、财产、场所的安全。

2. 根据发布一级、二级警报宣布进入预警期后突发事件应对的特点，此次修法丰富采取措施的内容，增加相应规定：一是准备封闭隔离、紧急医疗救治等场所；二是采取必要措施，确保医疗卫生、广播电视、气象的安全和正常运行。

第六十八条 【预警期保障措施】

第六十八条 发布警报，宣布进入预警期后，县级以上人民政府应当对重要商品和服务市场情况加强监测，根据实际需要及时保障供应、稳定市场。必要时，国务院和省、自治区、直辖市人民政府可以按照《中华人民共和国价格法》等有关法律规定采取相应措施。	新增条文

发布警报，进入预警期后，对重要商品和服务市场情况加强监测，并与价格法等有关法律作了衔接规定，保障供应、稳定市场，确保社会公众的基本生活稳定。采取的措施包括价格干预等措施，如根据价格法第三十条规定，当重要商品和服务价格显著上涨或者有可能显著上涨，国务院和省、自治区、直辖市人民政府可以对部分价格采取限定差价率或者利润率、规定限价、实行提价申报制度和调价备案制度等干预措施；第三十一条规定，当市场价格总水平出现剧烈波动等异常状态时，国务院可以在全国范围内或者部分区域内采取临时集中定价权限、部分或者全面冻结价格的紧急措施。

第六十九条 【社会安全事件信息报告制度】

第六十九条 对即将发生或者已经发生的社会安全事件，县级以上地方人民政府及其有关主管部门应当按照规定向上一级人民政府及其有关主管部门报告，必要时可以越级上报，**具备条件的，应当进行网络直报或者自动速报。**	第四十六条 对即将发生或者已经发生的社会安全事件，县级以上地方各级人民政府及其有关主管部门应当按照规定向上一级人民政府及其有关主管部门报告，必要时可以越级上报。

1. 社会安全事件，是指由各种社会矛盾引发的，形成一定的规模，造成一定的社会影响，危害社会稳定，干扰正常的工作秩序、生产秩序、教学科研秩序和社会秩序的群体性事件。

2. 建立健全社会安全事件的信息报告制度，完善社会矛盾纠纷预警工作机制，是及时、妥善预防和处置社会安全事件的重要环节。

3. 此次修法，针对社会安全事件报告程序，增加规定具备条件的，应当进行网络直报或者自动速报，提高报告效率，打通信息报告上行渠道。

第七十条　【预警调整和解除】

第七十条　发布突发事件警报的人民政府应当根据事态的发展，按照有关规定适时调整预警级别并重新发布。 有事实证明不可能发生突发事件或者危险已经解除的，发布警报的人民政府应当立即宣布解除警报，终止预警期，并解除已经采取的有关措施。	第四十七条　发布突发事件警报的人民政府应当根据事态的发展，按照有关规定适时调整预警级别并重新发布。 有事实证明不可能发生突发事件或者危险已经解除的，发布警报的人民政府应当立即宣布解除警报，终止预警期，并解除已经采取的有关措施。

1. 在应急预警阶段，预警级别的确定、警报的宣布和解除、预警期的开始和终止、有关措施的采取和解除，都要与紧急危险等级及相应的紧急危险阶段保持一致。即使是具有极其严重社会危害的最高级别突发事件，也有不同的发展阶段，并不需要在每一个阶段都采取同样严厉的应对措施。

2. 突发事件的事态发展出现了变化，以及有事实证明不可能发生突发事件或者危险已经解除的，发布突发事件警报的人民政府应当适时调整预警级别并重新发布，并立即宣布解除相应的预警警报，或者终止预警期，解除已经采取的有关措施。

第五章　应急处置与救援

第七十一条　【应急响应制度】

第七十一条　国家建立健全突发事件应急响应制度。 突发事件的应急响应级别，按照突发事件的性质、特点、可能造成的危害程度和影响范围等因素分为一级、二级、三级和四级，一级为最高级别。 突发事件应急响应级别划分标准由国务院或者国务院确定的部门制定。县级以上人民政府及其有关部门应当在突发事件应急预案中确定应急响应级别。	新增条文

此次修法，增加规定明确国家建立健全突发事件应急响应制度；在规定突发事件应急响应级别划分标准由国务院或者国务院确定的部门制定的基础上，增加规定县级以上人民政府及其有关部门应当在突发事件应急预案中确定应急响应级别，给予地方一定自主权。

第七十二条　【应急处置机制】

第七十二条　突发事件发生后，履行统一领导职责或者组织处置突发事件的人民政府应当针对其性质、特点、危害程度**和影响范围等**，立即**启动应急响应**，组织有关部门，调动应急救援队伍	第四十八条　突发事件发生后，履行统一领导职责或者组织处置突发事件的人民政府应当针对其性质、特点和危害程度，立即组织有关部门，调动应急救援队伍和社会力量，依照本章的规定

和社会力量，依照法律、法规、规章**和应急预案**的规定，采取应急处置措施，**并向上级人民政府报告；必要时，可以设立现场指挥部，负责现场应急处置与救援，统一指挥进入突发事件现场的单位和个人。** **启动应急响应，应当明确响应事项、级别、预计期限、应急处置措施等。** **履行统一领导职责或者组织处置突发事件的人民政府，应当建立协调机制，提供需求信息，引导志愿服务组织和志愿者等社会力量及时有序参与应急处置与救援工作。**	和有关法律、法规、规章的规定采取应急处置措施。

1. 明确启动应急响应的要求，以及必要时可以设立现场指挥部，负责现场应急处置与救援，统一指挥进入突发事件现场的单位和个人。

2. 规定启动应急响应，应当明确响应事项、级别、预计期限、应急处置措施等，进一步规范应急响应启动程序。

3. 增加规定政府建立协调机制、提供需求信息，引导志愿服务组织和志愿者等社会力量及时有序参与应急处置与救援工作。

第七十三条 【自然灾害、事故灾难和公共卫生事件应急处置措施】

第七十三条　自然灾害、事故灾难或者公共卫生事件发生后，履行统一领导职责的人民政府**应当**采取下列一项或者多项应急处置措施： （一）组织营救和救治受害人员，**转移、**疏散、撤离并妥善安置受到威胁的人员以及采取其他救	第四十九条　自然灾害、事故灾难或者公共卫生事件发生后，履行统一领导职责的人民政府可以采取下列一项或者多项应急处置措施： （一）组织营救和救治受害人员，疏散、撤离并妥善安置受到威胁的人员以及采取其他救助措施；

助措施； （二）迅速控制危险源，标明危险区域，封锁危险场所，划定警戒区，实行交通管制、**限制人员流动、封闭管理**以及其他控制措施； （三）立即抢修被损坏的交通、通信、供水、排水、供电、供气、供热、**医疗卫生、广播电视、气象**等公共设施，向受到危害的人员提供避难场所和生活必需品，实施医疗救护和卫生防疫以及其他保障措施； （四）禁止或者限制使用有关设备、设施，关闭或者限制使用有关场所，中止人员密集的活动或者可能导致危害扩大的生产经营活动以及采取其他保护措施； （五）启用本级人民政府设置的财政预备费和储备的应急救援物资，必要时调用其他急需物资、设备、设施、工具； （六）组织公民、**法人和其他组织**参加应急救援和处置工作，要求具有特定专长的人员提供服务； （七）保障食品、饮用水、**药品**、燃料等基本生活必需品的供应； （八）依法从严惩处囤积居奇、哄抬价格、**牟取暴利**、制假售假等扰乱市场秩序的行为，维护市场秩序； （九）依法从严惩处哄抢财物、	（二）迅速控制危险源，标明危险区域，封锁危险场所，划定警戒区，实行交通管制以及其他控制措施； （三）立即抢修被损坏的交通、通信、供水、排水、供电、供气、供热等公共设施，向受到危害的人员提供避难场所和生活必需品，实施医疗救护和卫生防疫以及其他保障措施； （四）禁止或者限制使用有关设备、设施，关闭或者限制使用有关场所，中止人员密集的活动或者可能导致危害扩大的生产经营活动以及采取其他保护措施； （五）启用本级人民政府设置的财政预备费和储备的应急救援物资，必要时调用其他急需物资、设备、设施、工具； （六）组织公民参加应急救援和处置工作，要求具有特定专长的人员提供服务； （七）保障食品、饮用水、燃料等基本生活必需品的供应； （八）依法从严惩处囤积居奇、哄抬物价、制假售假等扰乱市场秩序的行为，稳定市场价格，维护市场秩序； （九）依法从严惩处哄抢财物、干扰破坏应急处置工作等扰乱社会秩序的行为，维护社会治安； （十）采取防止发生次生、衍生事件的必要措施。

干扰破坏应急处置工作等扰乱社会秩序的行为，维护社会治安； **（十）开展生态环境应急监测，保护集中式饮用水水源地等环境敏感目标，控制和处置污染物；** （十一）采取防止发生次生、衍生事件的必要措施。	
本次修法进一步完善可以采取的应急处置措施：一是组织转移人员；二是限制人员流动、封闭管理；三是立即抢修被损坏医疗卫生、广播电视、气象等公共设施；四是保障药品供应；五是开展生态环境应急监测，保护集中式饮用水水源地等环境敏感目标，控制和处置污染物。	

第七十四条　【社会安全事件应急处置措施】

第七十四条　社会安全事件发生后，组织处置工作的人民政府应当立即**启动应急响应，**组织有关部门针对事件的性质和特点，依照有关法律、行政法规和国家其他有关规定，采取下列一项或者多项应急处置措施： （一）强制隔离使用器械相互对抗或者以暴力行为参与冲突的当事人，妥善解决现场纠纷和争端，控制事态发展； （二）对特定区域内的建筑物、交通工具、设备、设施以及燃料、燃气、电力、水的供应进行控制； （三）封锁有关场所、道路，查验现场人员的身份证件，限制有	第五十条　社会安全事件发生后，组织处置工作的人民政府应当立即组织有关部门并由公安机关针对事件的性质和特点，依照有关法律、行政法规和国家其他有关规定，采取下列一项或者多项应急处置措施： （一）强制隔离使用器械相互对抗或者以暴力行为参与冲突的当事人，妥善解决现场纠纷和争端，控制事态发展； （二）对特定区域内的建筑物、交通工具、设备、设施以及燃料、燃气、电力、水的供应进行控制； （三）封锁有关场所、道路，查验现场人员的身份证件，限制有

关公共场所内的活动； （四）加强对易受冲击的核心机关和单位的警卫，在国家机关、军事机关、国家通讯社、广播电台、电视台、外国驻华使领馆等单位附近设置临时警戒线； （五）法律、行政法规和国务院规定的其他必要措施。	关公共场所内的活动； （四）加强对易受冲击的核心机关和单位的警卫，在国家机关、军事机关、国家通讯社、广播电台、电视台、外国驻华使领馆等单位附近设置临时警戒线； （五）法律、行政法规和国务院规定的其他必要措施。 严重危害社会治安秩序的事件发生时，公安机关应当立即依法出动警力，根据现场情况依法采取相应的强制性措施，尽快使社会秩序恢复正常。

1. 社会安全事件危害大、影响广，我国有必要建立快速反应、控制有力的处置机制，坚持严格依法、果断坚决、迅速稳妥的处置原则，尽最大努力防止事态扩大、蔓延，把事件对社会稳定的危害减少到最低限度。

2. 鉴于社会安全事件是容易引起社会公共秩序混乱的突发事件，具有极大的社会危害性，对国家正常的政治生活和社会生活构成极大的威胁，因此，与其相适应的应急处置措施也应当与其危害性相一致，带有严厉、强制、限制、约束等强行性特点。

3. 原法规定了社会安全事件发生后公安机关的应急处置措施，考虑到相关法律已有规定，因此删去公安机关参与处置的衔接性规定。

第七十五条 【严重影响国民经济运行的突发事件应急处置机制】

第七十五条　发生突发事件，严重影响国民经济正常运行时，国务院或者国务院授权的有关主管部门可以采取保障、控制等必要的应急措施，保障人民群众的基本生活需要，最大限度地减轻突发事件的影响。	第五十一条　发生突发事件，严重影响国民经济正常运行时，国务院或者国务院授权的有关主管部门可以采取保障、控制等必要的应急措施，保障人民群众的基本生活需要，最大限度地减轻突发事件的影响。

1. 严重影响国民经济运行的突发事件，是指具有影响全国或者某一局部地区的经济社会秩序稳定，妨碍国民经济正常运行，并对社会经济安全构成威胁的经济类危机事件。

2. 考虑到此类事件处置的复杂性，本法仅作出原则规定，发生突发事件并严重影响国民经济正常运行时，可以采取保障、控制等必要的应急措施，保障人民群众的基本生活需要。

第七十六条 【应急协作机制和救援帮扶制度】

第七十六条　履行统一领导职责或者组织处置突发事件的人民政府**及其有关部门**，必要时可以向单位和个人征用应急救援所需设备、设施、场地、交通工具和其他物资，请求其他地方人民政府**及其有关部门**提供人力、物力、财力或者技术支援，要求生产、供应生活必需品和应急救援物资的企业组织生产、保证供给，要求提供医疗、交通等公共服务的组织提供相应的服务。 履行统一领导职责或者组织处置突发事件的人民政府**和有关主管部门**，应当组织协调运输经营单位，优先运送处置突发事件所需物资、设备、工具、应急救援人员和受到突发事件危害的人员。 **履行统一领导职责或者组织处置突发事件的人民政府及其有关部门，应当为受突发事件影响无人照料的无民事行为能力人、限制民事行为能力人提供及时有效**	第五十二条　履行统一领导职责或者组织处置突发事件的人民政府，必要时可以向单位和个人征用应急救援所需设备、设施、场地、交通工具和其他物资，请求其他地方人民政府提供人力、物力、财力或者技术支援，要求生产、供应生活必需品和应急救援物资的企业组织生产、保证供给，要求提供医疗、交通等公共服务的组织提供相应的服务。 履行统一领导职责或者组织处置突发事件的人民政府，应当组织协调运输经营单位，优先运送处置突发事件所需物资、设备、工具、应急救援人员和受到突发事件危害的人员。

帮助；建立健全联系帮扶应急救援人员家庭制度，帮助解决实际困难。	

1. 增加“有关部门”作为可以实施征用和组织协调运输的主体。

2. 明确为受突发事件影响无人照料的无民事行为能力人和限制民事行为能力人提供及时有效帮助。

第七十七条　【群众性基层自治组织组织自救与互助】

第七十七条　突发事件发生地的居民委员会、村民委员会和其他组织应当按照当地人民政府的决定、命令，进行宣传动员，组织群众开展自救与互救，协助维护社会秩序；**情况紧急的，应当立即组织群众开展自救与互救等先期处置工作。**	第五十五条　突发事件发生地的居民委员会、村民委员会和其他组织应当按照当地人民政府的决定、命令，进行宣传动员，组织群众开展自救和互救，协助维护社会秩序。

居民委员会、村民委员会和其他群众性基层自治组织的应急职责主要体现在以下几个方面：一是要将应急管理作为自治管理的重要内容，落实应急管理工作责任人，做好群众的组织、动员工作；二是要针对本区域、本单位常发突发事件，编制应急预案并根据需要不断修订完善，组织开展群众参与度高、应急联动性强、形式多样、节约高效的应急预案演练；三是可根据有关要求和实际情况，做好应急队伍组建和应急演练工作，提高社区、农村居民的综合应急和自我保护能力；四是加强隐患区域、应急基础设备设施及避难场所的日常管理和巡查，提高基层应急保障能力。此次修法，进一步完善组织群众开展自救和互救的规定，强化先期处置工作要求。

第七十八条 【突发事件有关单位的应急职责】

第七十八条 受到自然灾害危害或者发生事故灾难、公共卫生事件的单位，应当立即组织本单位应急救援队伍和工作人员营救受害人员，疏散、撤离、安置受到威胁的人员，控制危险源，标明危险区域，封锁危险场所，并采取其他防止危害扩大的必要措施，同时向所在地县级人民政府报告；对因本单位的问题引发的或者主体是本单位人员的社会安全事件，有关单位应当按照规定上报情况，并迅速派出负责人赶赴现场开展劝解、疏导工作。 突发事件发生地的其他单位应当服从人民政府发布的决定、命令，配合人民政府采取的应急处置措施，做好本单位的应急救援工作，并积极组织人员参加所在地的应急救援和处置工作。	第五十六条 受到自然灾害危害或者发生事故灾难、公共卫生事件的单位，应当立即组织本单位应急救援队伍和工作人员营救受害人员，疏散、撤离、安置受到威胁的人员，控制危险源，标明危险区域，封锁危险场所，并采取其他防止危害扩大的必要措施，同时向所在地县级人民政府报告；对因本单位的问题引发的或者主体是本单位人员的社会安全事件，有关单位应当按照规定上报情况，并迅速派出负责人赶赴现场开展劝解、疏导工作。 突发事件发生地的其他单位应当服从人民政府发布的决定、命令，配合人民政府采取的应急处置措施，做好本单位的应急救援工作，并积极组织人员参加所在地的应急救援和处置工作。

1. 在突发事件发生初期，发生地有关单位应当充分发挥基层应急救援力量的优势，立即组织本单位应急救援队伍以及相关专业技术人员，针对突发事件发生的原因和特点，采取适当措施进行应急处置，并及时控制危险源，标明危险区域，封锁危险场所，控制事态，防止因突发事件所造成的损失进一步扩大。

2. 突发事件发生地有关单位应当充分利用熟悉本地地形、人员分布情况的优势，在第一时间营救受害人员，疏散、撤离、安置受到威胁的人员，尽量减少人员伤亡。

3. 突发事件发生地有关单位应当充分利用熟悉事发现场情况的优势，在第一现场及时向有关政府部门通报事态发展情况，为应急处置指挥决策工作提供依据。

4. 对因本单位的问题引发的或者主体是本单位人员的社会安全事件，有关单位应当充分发挥基层组织的矛盾纠纷化解排查作用，建立苗头问题早消化、重点对象早转化、敏感时期早防范、矛盾纠纷早处理的工作机制，定期对本单位内存在的各种矛盾纠纷，把各种不稳定因素切实消除在萌芽状态。

5. 突发事件发生地的其他单位也具有协助处置、救援突发事件的有利条件，负有不可推卸的应急责任。这些单位应当服从、配合有关政府的决定、命令以及采取的应急处置措施，积极组织救援物资和人员，积极参与应急救援和处置工作。

第七十九条　【突发事件发生地的公民应当履行的义务】

第七十九条　突发事件发生地的**个人**应当**依法**服从人民政府、居民委员会、村民委员会或者所属单位的指挥和安排，配合人民政府采取的应急处置措施，积极参加应急救援工作，协助维护社会秩序。	第五十七条　突发事件发生地的公民应当服从人民政府、居民委员会、村民委员会或者所属单位的指挥和安排，配合人民政府采取的应急处置措施，积极参加应急救援工作，协助维护社会秩序。

突发事件发生地的个人，应当履行如下义务：一是全力配合政府的应急管理工作，遵守各项应急规定，服从有关安排；二是按要求如实申报和报告有关信息，并为提供虚假信息承担法律责任；三是积极参与力所能及的应急救援工作，协助政府应急处置工作；四是不听、不信、不传播谣言，并配合有关部门对谣言制造者和传播者进行揭露和追查；五是为遭受损害者提供物资帮助或者心理抚慰等道义服务，为应急处置工作提供必要的方便甚至资助；六是承担其他必要的义务等。

第八十条　【城乡社区组织应急工作机制】

第八十条　国家支持城乡社区组织健全应急工作机制，强化城乡社区综合服务设施和信息平台应急功能，加强与突发事件信息系统数据共享，增强突发事件应急处置中保障群众基本生活和服务群众能力。	新增条文
增加城乡社区组织应急工作机制的规定，强化基层基础应急处置能力，保障群众基本生活，更好服务群众。	

第八十一条　【心理援助工作】

第八十一条　国家采取措施，加强心理健康服务体系和人才队伍建设，支持引导心理健康服务人员和社会工作者对受突发事件影响的各类人群开展心理健康教育、心理评估、心理疏导、心理危机干预、心理行为问题诊治等心理援助工作。	新增条文
1. 明确国家采取的措施，即加强心理健康服务体系和人才队伍建设，支持引导心理健康服务人员和社会工作者开展心理援助工作。 2. 明确心理援助的内容包括心理健康教育、心理评估、心理疏导、心理危机干预、心理行为问题诊治等。	

第八十二条 【遗体处置及遗物保管】

第八十二条 对于突发事件遇难人员的遗体，应当按照法律和国家有关规定，科学规范处置，加强卫生防疫，维护逝者尊严。对于逝者的遗物应当妥善保管。	新增条文
增加遗体处置和遗物保管相关规定，加强卫生防疫、维护逝者尊严，具体措施和要求按照有关法律和规定执行。	

第八十三条 【政府及部门信息收集与个人信息保护】

第八十三条 县级以上人民政府及其有关部门根据突发事件应对工作需要，在履行法定职责所必需的范围和限度内，可以要求公民、法人和其他组织提供应急处置与救援需要的信息。公民、法人和其他组织应当予以提供，法律另有规定的除外。县级以上人民政府及其有关部门对获取的相关信息，应当严格保密，并依法保护公民的通信自由和通信秘密。	新增条文
1. 规定县级以上人民政府及其有关部门收集应急处置救援信息的职权，但限于突发事件应对工作需要，以及在履行法定职责所必需的范围和限度内。 2. 公民、法人和其他组织应当配合政府及有关部门，提供相关信息。但法律另有规定的除外，比如涉及国家秘密、商业秘密和个人隐私，政府及有关部门无权收集的情况。 3. 对政府及其有关部门获取信息后的保密义务作了规定。	

第八十四条　【有关单位、个人获取信息及使用限制】

第八十四条　在突发事件应急处置中，有关单位和个人因依照本法规定配合突发事件应对工作或者履行相关义务，需要获取他人个人信息的，应当依照法律规定的程序和方式取得并确保信息安全，不得非法收集、使用、加工、传输他人个人信息，不得非法买卖、提供或者公开他人个人信息。	新增条文
对有关单位和个人获取他人个人信息予以严格规范，明确应当依照法律规定的程序和方式取得并确保信息安全，确保突发事件应急处置中获取、使用他人个人信息合法、安全。	

第八十五条　【信息用途、销毁和处理】

第八十五条　因依法履行突发事件应对工作职责或者义务获取的个人信息，只能用于突发事件应对，并在突发事件应对工作结束后予以销毁。确因依法作为证据使用或者调查评估需要留存或者延期销毁的，应当按照规定进行合法性、必要性、安全性评估，并采取相应保护和处理措施，严格依法使用。	新增条文
明确获取信息的用途和销毁要求，并对需要留存和延期销毁规定了评估程序，以及保护和处理措施，最大限度保护个人信息安全。	

第六章 事后恢复与重建

第八十六条 【应急响应解除】

第八十六条 突发事件的威胁和危害得到控制或者消除后，履行统一领导职责或者组织处置突发事件的人民政府应当**宣布解除应急响应**，停止执行依照本法规定采取的应急处置措施，同时采取或者继续实施必要措施，防止发生自然灾害、事故灾难、公共卫生事件的次生、衍生事件或者重新引发社会安全事件，**组织受影响地区尽快恢复社会秩序**。	第五十八条 突发事件的威胁和危害得到控制或者消除后，履行统一领导职责或者组织处置突发事件的人民政府应当停止执行依照本法规定采取的应急处置措施，同时采取或者继续实施必要措施，防止发生自然灾害、事故灾难、公共卫生事件的次生、衍生事件或者重新引发社会安全事件。

1. 停止应急处置措施的时间。考虑到突发事件的种类比较复杂，各类突发事件的应对规律和方式都不尽相同，本条对这一事件的确定作了原则性规定，实践中需要根据突发事件的性质、特点和实际情况，来确定停止执行应急处置措施的时间。停止应急处置措施的决定作出后，应当以适当方式向社会公布，让人民群众普遍知晓。此次修法，进一步明确解除应急响应的宣布程序。

2. 应急处置措施的停止并不等于应急处置工作的终结。实践中，在停止执行应急处置措施后，仍有可能出现突发事件次生、衍生事件，或者重新引发社会安全事件的现象。因此，为了巩固采取应急处置措施的成果，仍然应当根据实际需要采取有关必要措施。此次修改，完善事后措施包括“组织受影响地区尽快恢复社会秩序”，确保生产、生活和工作尽快恢复正常。

第八十七条 【影响、损失评估与恢复重建】

第八十七条　突发事件应急处置工作结束后，履行统一领导职责的人民政府应当立即组织对突发事件造成的**影响和**损失进行**调查**评估，制定恢复重建计划，并向上一级人民政府报告。 受突发事件影响地区的人民政府应当及时组织和协调**应急管理、卫生健康、**公安、交通、铁路、民航、**邮政、电信、**建设、**生态环境、水利、能源、广播电视**等有关部门恢复社会秩序，尽快修复被损坏的交通、通信、供水、排水、供电、供气、供热、**医疗卫生、水利、广播电视**等公共设施。	第五十九条　突发事件应急处置工作结束后，履行统一领导职责的人民政府应当立即组织对突发事件造成的损失进行评估，组织受影响地区尽快恢复生产、生活、工作和社会秩序，制定恢复重建计划，并向上一级人民政府报告。 受突发事件影响地区的人民政府应当及时组织和协调公安、交通、铁路、民航、邮电、建设等有关部门恢复社会治安秩序，尽快修复被损坏的交通、通信、供水、排水、供电、供气、供热等公共设施。

1. 制定恢复重建计划。突发事件的发生，可能会给人民群众的生命财产造成极大的损失，严重破坏正常的生产、生活秩序。应急处置措施停止执行后，应当在组织受影响地区尽快恢复生产、生活、工作和社会秩序的同时，尽快制定恢复重建计划，并以此为指导，科学、有序地开展恢复重建工作。

2. 应急处置措施结束后，要尽快恢复正常的生产生活秩序。政府要积极履行职责，组织、协调有关部门，修复被损坏的交通、通信等公共设施。此次修法，根据有关部门的职责规定，明确应急管理、卫生健康、生态环境、水利、能源、广播电视等有关部门参与恢复重建的职责。

第八十八条 【支援恢复重建】

第八十八条 受突发事件影响地区的人民政府开展恢复重建工作需要上一级人民政府支持的，可以向上一级人民政府提出请求。上一级人民政府应当根据受影响地区遭受的损失和实际情况，提供资金、物资支持和技术指导，组织**协调**其他地区**和有关方面**提供资金、物资和人力支援。	第六十条 受突发事件影响地区的人民政府开展恢复重建工作需要上一级人民政府支持的，可以向上一级人民政府提出请求。上一级人民政府应当根据受影响地区遭受的损失和实际情况，提供资金、物资支持和技术指导，组织其他地区提供资金、物资和人力支援。

面对受突发事件影响地区的人民政府的支持请求，上一级人民政府应当履行两方面的职责：

1. 根据受影响地区遭受的损失和实际情况，提供资金、物资支持和技术指导。

2. 组织其他地区提供资金、物资和人力支援。上一级人民政府应当发挥其组织、协调职能，动员其他地区提供资金、物资和人力支援。此次修法，增加规定除其他地区外的“有关方面”的支援义务。

第八十九条 【扶持优惠和善后工作】

第八十九条 国务院根据受突发事件影响地区遭受损失的情况，制定扶持该地区有关行业发展的优惠政策。 受突发事件影响地区的人民政府应当根据本地区遭受的损失**和采取应急处置措施**的情况，制定救助、补偿、抚慰、抚恤、安置等善后工作计划并组织实施，妥善解决因处置突发事件引发的矛盾纠纷。	第六十一条第一款、第二款 国务院根据受突发事件影响地区遭受损失的情况，制定扶持该地区有关行业发展的优惠政策。 受突发事件影响地区的人民政府应当根据本地区遭受损失的情况，制定救助、补偿、抚慰、抚恤、安置等善后工作计划并组织实施，妥善解决因处置突发事件引发的矛盾和纠纷。

1. 由国务院制定有关行业发展的优惠政策，主要考虑是有的突发事件，特别是公共卫生事件的影响范围比较广，经常超出一个省的范围，有的甚至成为全国性问题，需要国务院作出规定；此外，有的优惠政策，比如税收减免，依法只能由国务院或者国务院税务主管部门作出决定。

2. 善后工作计划主要内容：一是救助，主要是指对在突发事件中致病致伤人员给予的医疗、物质等方面的帮助。二是补偿，包括对财产征用的补偿，以及对依法采取的财产处分行为的补偿。三是抚慰，是指对受到突发事件影响的民众进行心理引导，帮助他们尽快摆脱恐惧心理及紧张状态。四是抚恤，是指对突发事件中的因公受伤或致残的人员，或因公牺牲以及病故的人员的家属进行安慰并给予物质帮助。五是安置，是指对突发事件中失去住房的人员提供居住条件。

3. 此次修法，增加相关规定，将采取以及处置措施的情况作为制定善后工作计划的考虑因素。

第九十条 【公民参与应急的保障】

第九十条　公民参加应急救援工作或者协助维护社会秩序期间，其**所在单位应当保证其**工资待遇和福利不变，**并可以按照规定给予相应补助**。	第六十一条第三款　公民参加应急救援工作或者协助维护社会秩序期间，其在本单位的工资待遇和福利不变；表现突出、成绩显著的，由县级以上人民政府给予表彰或者奖励。 （移至第十五条处）

此次修法进一步完善公民参与应急救援等工作的保障措施，增加其所在单位可以按照规定给予相应补助，调动公民参与积极性。

第九十一条　【伤亡人员保障】

第九十一条　县级以上人民政府对在应急救援工作中伤亡的人员依法**落实工伤待遇、抚恤或者其他保障政策，并组织做好应急救援工作中致病人员的医疗救治工作**。	第六十一条第四款　县级以上人民政府对在应急救援工作中伤亡的人员依法给予抚恤。

此次修法进一步完善应急救援伤亡人员的有关保障包括工伤待遇、抚恤和其他保障政策，以及致病人员的医疗救治。

第九十二条　【突发事件调查、应急处置总结】

第九十二条　履行统一领导职责的人民政府**在突发事件应对工作结束后**，应当及时查明突发事件的发生经过和原因，总结突发事件应急处置工作的经验教训，制定改进措施，并向上一级人民政府提出报告。	第六十二条　履行统一领导职责的人民政府应当及时查明突发事件的发生经过和原因，总结突发事件应急处置工作的经验教训，制定改进措施，并向上一级人民政府提出报告。

1. 本条是关于突发事件应对工作的调查、总结和报告，此次修改明确是在“突发事件应对工作结束后”开展相关工作。

2. 突发事件调查。应当尽快启动事故调查工作，掌握信息、收集证据。通常调查工作应当由履行统一领导职责的人民政府负责，特殊情况下，也可能由上级政府直接负责调查工作。

3. 应急处置工作总结。总结应当包括突发事件发生的原因、发生过程、应急情况、应对中存在的问题、恢复重建情况以及加强和改进工作的考虑和建议等。

第九十三条 【资金和物资审计监督】

第九十三条　突发事件应对工作中有关资金、物资的筹集、管理、分配、拨付和使用等情况，应当依法接受审计机关的审计监督。	新增条文
此次修法加强对有关资金、物资的筹集、管理、分配、拨付和使用等情况的监督特别是审计监督，有利于促进资金、物资的规范、高效利用，增加本条规定为相关审计活动提供明确法律依据。	

第九十四条 【应对工作档案管理】

第九十四条　国家档案主管部门应当建立健全突发事件应对工作相关档案收集、整理、保护、利用工作机制。突发事件应对工作中形成的材料，应当按照国家规定归档，并向相关档案馆移交。	新增条文
突发事件应对的档案和材料是记录突发事件历史、反映突发事件真相、总结应对经验和教训的重要依据，因此本法对档案的收集、整理、保护和利用工作机制，以及材料归档和移交作出规定。	

第七章　法律责任

第九十五条　【地方政府、有关部门及其人员不依法履责的法律责任】

第九十五条　地方各级人民政府和县级以上人民政府有关部门违反本法规定，不履行**或者不正确履行**法定职责的，由其上级行政机关责令改正；有下列情形之一，**由有关机关综合考虑突发事件发生的原因、后果、应对处置情况、行为人过错等因素**，对**负有责任的领导人员**和直接责任人员依法给予处分： （一）未按照规定采取预防措施，导致发生突发事件，或者未采取必要的防范措施，导致发生次生、衍生事件的； （二）迟报、谎报、瞒报、漏报**或者授意他人迟报、谎报、瞒报以及阻碍他人报告**有关突发事件的信息，或者通报、报送、公布虚假信息，造成后果的； （三）未按照规定及时发布突发事件警报、采取预警期的措施，导致损害发生的； （四）未按照规定及时采取措施处置突发事件或者处置不当，造成后果的；	第六十三条　地方各级人民政府和县级以上各级人民政府有关部门违反本法规定，不履行法定职责的，由其上级行政机关或者监察机关责令改正；有下列情形之一的，根据情节对直接负责的主管人员和其他直接责任人员依法给予处分： （一）未按规定采取预防措施，导致发生突发事件，或者未采取必要的防范措施，导致发生次生、衍生事件的； （二）迟报、谎报、瞒报、漏报有关突发事件的信息，或者通报、报送、公布虚假信息，造成后果的； （三）未按规定及时发布突发事件警报、采取预警期的措施，导致损害发生的； （四）未按规定及时采取措施处置突发事件或者处置不当，造成后果的； （五）不服从上级人民政府对突发事件应急处置工作的统一领导、指挥和协调的；

（五）违反法律规定采取应对措施，侵犯公民生命健康权益的； （六）不服从上级人民政府对突发事件应急处置工作的统一领导、指挥和协调的； （七）未及时组织开展生产自救、恢复重建等善后工作的； （八）截留、挪用、私分或者变相私分应急救援资金、物资的； （九）不及时归还征用的单位和个人的财产，或者对被征用财产的单位和个人不按照规定给予补偿的。	（六）未及时组织开展生产自救、恢复重建等善后工作的； （七）截留、挪用、私分或者变相私分应急救援资金、物资的； （八）不及时归还征用的单位和个人的财产，或者对被征用财产的单位和个人不按规定给予补偿的。

1. 进一步完善不履责情形包括“不正确履行法定职责”。

2. 考虑到突发事件应对处置往往情势紧迫，对于法律责任的追究，增加规定要“综合考虑突发事件发生的原因、后果、应对处置情况、行为人过错等因素”，做到过罚相当，鼓励一线干部在临机处置时勇于担当作为。

3. 增加规定授意他人迟报、谎报、瞒报以及阻碍他人报告有关突发事件的信息的法律责任。

4. 增加规定违反法律规定采取应对措施，侵犯公民生命健康权益的法律责任。

第九十六条　【突发事件发生地的单位不履行法定义务的法律责任】

第九十六条　有关单位有下列情形之一，由所在地履行统一领导职责的人民政府**有关部门**责令停产停业，暂扣或者吊销许可**证件**，并处五万元以上二十万元以下的罚款；**情节特别严重的，并**	第六十四条　有关单位有下列情形之一的，由所在地履行统一领导职责的人民政府责令停产停业，暂扣或者吊销许可证或者营业执照，并处五万元以上二十万元以下的罚款；构成违反治安管

处二十万元以上一百万元以下的罚款： （一）未按照规定采取预防措施，导致发生较大以上突发事件的； （二）未及时消除已发现的可能引发突发事件的隐患，导致发生较大以上突发事件的； （三）未做好应急物资储备和应急设备、设施日常维护、检测工作，导致发生较大以上突发事件或者突发事件危害扩大的； （四）突发事件发生后，不及时组织开展应急救援工作，造成严重后果的。 其他法律对前款行为规定了处罚的，依照较重的规定处罚。	理行为的，由公安机关依法给予处罚： （一）未按规定采取预防措施，导致发生严重突发事件的； （二）未及时消除已发现的可能引发突发事件的隐患，导致发生严重突发事件的； （三）未做好应急设备、设施日常维护、检测工作，导致发生严重突发事件或者突发事件危害扩大的； （四）突发事件发生后，不及时组织开展应急救援工作，造成严重后果的。 前款规定的行为，其他法律、行政法规规定由人民政府有关部门依法决定处罚的，从其规定。

1. 明确实施本条处罚的主体，是履行统一领导职责的人民政府“有关部门”，具体处罚职责按照有关部门职责分工确定。

2. 对情节特别严重的，加大处罚力度即并处二十万元以上一百万元以下的罚款。

3. 根据突发事件分级，明确“严重”突发事件是指“较大以上”突发事件。

4. 增加规定未做好应急物资储备行为的法律责任。

5. 根据行政处罚法有关规定和精神，增加“依照较重的规定处罚”的法律适用规则。

第九十七条 【编造、传播虚假信息的法律责任】

第九十七条　违反本法规定，编造并传播有关突发事件的虚假信息，或者明知是有关突发事件的	第六十五条　违反本法规定，编造并传播有关突发事件事态发展或者应急处置工作的虚假信息，

虚假信息而进行传播的，责令改正，给予警告；造成严重后果的，依法暂停其业务活动或者吊销其**许可证件**；负有直接责任的人员是**公职**人员的，还应当依法给予处分。	或者明知是有关突发事件事态发展或者应急处置工作的虚假信息而进行传播的，责令改正，给予警告；造成严重后果的，依法暂停其业务活动或者吊销其执业许可证；负有直接责任的人员是国家工作人员的，还应当对其依法给予处分；构成违反治安管理行为的，由公安机关依法给予处罚。

1. 本条规定的违法情形：一是“编造并传播有关突发事件事态发展或者应急处置工作的虚假信息”；二是“明知是有关突发事件事态发展或者应急处置工作的虚假信息而进行传播”。

2. 本条规定违法行为的实施主体，可以是“任何单位和个人”，即所有单位和个人都负有不得编造、传播虚假信息的义务，既包括新闻媒体，也包括国家机关工作人员和普通的自然人，但不限于这些主体。

第九十八条　【单位和个人不服从、不配合的法律责任】

第九十八条　单位或者个人违反本法规定，不服从所在地人民政府及其有关部门**依法**发布的决定、命令或者不配合其依法采取的措施**的，责令改正；造成严重后果的，依法给予行政处罚；负有直接责任的人员是公职人员的，还应当依法给予处分。**	第六十六条　单位或者个人违反本法规定，不服从所在地人民政府及其有关部门发布的决定、命令或者不配合其依法采取的措施，构成违反治安管理行为的，由公安机关依法给予处罚。

1. 根据本条规定，单位和个人承担法律责任的情形有两个：一是不服从所在地人民政府及其有关部门发布的决定、命令；二是不配合所在地人民政府及其有关部门依法采取的措施。对这两类行为追究法律责任的依据是本法对于单位和个人的服从、配合义务有明确规定。

2. 对本法规定的不服从、不配合违法行为，此次修法进一步完善了两个方面的法律责任：一是造成严重后果的，依法给予行政处罚；二是负有直接责任的人员是公职人员的，还应当依法给予处分。

第九十九条 【单位和个人违反个人信息保护规定的法律责任】

第九十九条　单位或者个人违反本法第八十四条、第八十五条关于个人信息保护规定的，由主管部门依照有关法律规定给予处罚。	新增条文

根据本法第八十四条、第八十五条关于个人信息保护规定，增设衔接性的法律责任规定，具体处罚依据个人信息保护法等有关法律规定执行。

第一百条 【民事责任】

第一百条　单位或者个人违反本法规定，导致突发事件发生或者危害扩大，**造成**人身、财产**或者其他**损害的，应当依法承担民事责任。	第六十七条　单位或者个人违反本法规定，导致突发事件发生或者危害扩大，给他人人身、财产造成损害的，应当依法承担民事责任。

本法对民事法律责任作出原则规定，其性质属于法律援引条款和衔接性规定。实践中，受害人要求单位或者个人承担赔偿责任的直接法律依据，应当是民法典、民事诉讼法等相关法律规范。

第一百零一条 【紧急避险】

第一百零一条　为了使本人或者他人的人身、财产免受正在发生的危险而采取避险措施的，依	新增条文

<table>
<tr><td>照《中华人民共和国民法典》、《中华人民共和国刑法》等法律关于紧急避险的规定处理。</td><td></td></tr>
<tr><td colspan="2">考虑到在突发事件应对过程中，往往会有公民为了避免人身、财产损害而采取避险行为的情况，在本法中增加与民法典、刑法等法律关于紧急避险的衔接性规定，为公民在突发事件应急处置中开展自救互救、减少损失提供法律依据。</td></tr>
</table>

第一百零二条　【治安管理处罚和刑事责任】

<table>
<tr><td>第一百零二条　违反本法规定，构成违反治安管理行为的，依法给予治安管理处罚；构成犯罪的，依法追究刑事责任。</td><td>第六十八条　违反本法规定，构成犯罪的，依法追究刑事责任。</td></tr>
<tr><td colspan="2">考虑到治安管理处罚已有专门法律，将分散在原法有关条文中的治安管理处罚规定删除，与刑事责任内容合并，在本条集中作出衔接性规定。采取这样的立法技术具有高度概括性，体例清晰，更好解决本法与治安管理处罚法、刑法、刑事诉讼法的衔接问题。</td></tr>
</table>

第八章 附 则

第一百零三条 【紧急状态】

第一百零三条 发生特别重大突发事件，对人民生命财产安全、国家安全、公共安全、**生态**环境安全或者社会秩序构成重大威胁，采取本法和其他有关法律、法规、规章规定的应急处置措施不能消除或者有效控制、减轻其严重社会危害，需要进入紧急状态的，由全国人民代表大会常务委员会或者国务院依照宪法和其他有关法律规定的权限和程序决定。 紧急状态期间采取的非常措施，依照有关法律规定执行或者由全国人民代表大会常务委员会另行规定。	第六十九条 发生特别重大突发事件，对人民生命财产安全、国家安全、公共安全、环境安全或者社会秩序构成重大威胁，采取本法和其他有关法律、法规、规章规定的应急处置措施不能消除或者有效控制、减轻其严重社会危害，需要进入紧急状态的，由全国人民代表大会常务委员会或者国务院依照宪法和其他有关法律规定的权限和程序决定。 紧急状态期间采取的非常措施，依照有关法律规定执行或者由全国人民代表大会常务委员会另行规定。
考虑到本法应当着重规定突发事件应对管理和指挥体制、预防与应急准备、监测与预警、应急处置与救援、事后恢复与重建等内容，与宪法规定的紧急状态制度做好衔接，对紧急状态的程序和措施未作具体规定。	

第一百零四条 【域外突发事件应对】

第一百零四条 中华人民共和国领域外发生突发事件，造成或者可能造成中华人民共和国公民、	新增条文

<table>
<tr><td>法人和其他组织人身伤亡、财产损失的，由国务院外交部门会同国务院其他有关部门、有关地方人民政府，按照国家有关规定做好应对工作。</td><td></td></tr>
<tr><td colspan="2">此类突发事件具有涉外因素，事件发生在中华人民共和国领域外，但结果是造成或者可能造成中华人民共和国公民、法人和其他组织人身伤亡、财产损失的，情况比较特殊，需要结合国家外交外事等有关规定做好突发事件应对工作。</td></tr>
</table>

第一百零五条　【境内的外国人、无国籍人义务】

<table>
<tr><td>第一百零五条　在中华人民共和国境内的外国人、无国籍人应当遵守本法，服从所在地人民政府及其有关部门依法发布的决定、命令，并配合其依法采取的措施。</td><td>新增条文</td></tr>
<tr><td colspan="2">本条是关于外国人、无国籍人遵守本法，服从决定和命令，配合有关措施的规定，是法律有关属地管辖的一般性规定，为有关部门采取相应措施提供明确法律依据。</td></tr>
</table>

第一百零六条　【施行日期】

<table>
<tr><td>第一百零六条　本法自2024年11月1日起施行。</td><td>第七十条　本法自2007年11月1日起施行。</td></tr>
<tr><td colspan="2">修订是对法律条文作出全面修改，重新公布法律文本代替原来的法律文本，因此重新确定法律施行日期。立法机关经与有关方面研究，确定修订后的突发事件应对法的施行日期为2024年11月1日，为有关方面准确有效实施法律留出准备时间。</td></tr>
</table>

中华人民共和国主席令

第二十五号

《中华人民共和国突发事件应对法》已由中华人民共和国第十四届全国人民代表大会常务委员会第十次会议于2024年6月28日修订通过，现予公布，自2024年11月1日起施行。

中华人民共和国主席　习近平

2024年6月28日

中华人民共和国突发事件应对法

（2007年8月30日第十届全国人民代表大会常务委员会第二十九次会议通过　2024年6月28日第十四届全国人民代表大会常务委员会第十次会议修订）

目　　录

第一章　总　　则

第一条　为了预防和减少突发事件的发生，控制、减轻和消除突发事件引起的严重社会危害，提高突发事件预防和应对能力，规范突发事件应对活动，保护人民生命财产安全，维护国家安全、公共安全、生态环境安全和社会秩序，根据宪法，制定本法。

第二条 本法所称突发事件，是指突然发生，造成或者可能造成严重社会危害，需要采取应急处置措施予以应对的自然灾害、事故灾难、公共卫生事件和社会安全事件。

突发事件的预防与应急准备、监测与预警、应急处置与救援、事后恢复与重建等应对活动，适用本法。

《中华人民共和国传染病防治法》等有关法律对突发公共卫生事件应对作出规定的，适用其规定。有关法律没有规定的，适用本法。

第三条 按照社会危害程度、影响范围等因素，突发自然灾害、事故灾难、公共卫生事件分为特别重大、重大、较大和一般四级。法律、行政法规或者国务院另有规定的，从其规定。

突发事件的分级标准由国务院或者国务院确定的部门制定。

第四条 突发事件应对工作坚持中国共产党的领导，坚持以马克思列宁主义、毛泽东思想、邓小平理论、“三个代表”重要思想、科学发展观、习近平新时代中国特色社会主义思想为指导，建立健全集中统一、高效权威的中国特色突发事件应对工作领导体制，完善党委领导、政府负责、部门联动、军地联合、社会协同、公众参与、科技支撑、法治保障的治理体系。

第五条 突发事件应对工作应当坚持总体国家安全观，统筹发展与安全；坚持人民至上、生命至上；坚持依法科学应对，尊重和保障人权；坚持预防为主、预防与应急相结合。

第六条 国家建立有效的社会动员机制，组织动员企业事业单位、社会组织、志愿者等各方力量依法有序参与突发事件应对工作，增强全民的公共安全和防范风险的意识，提高全社会的避险救助能力。

第七条 国家建立健全突发事件信息发布制度。有关人民政府和部门应当及时向社会公布突发事件相关信息和有关突发事件应对的决定、命令、措施等信息。

任何单位和个人不得编造、故意传播有关突发事件的虚假信息。有关人民政府和部门发现影响或者可能影响社会稳定、扰乱社会和经济管理秩序的虚假或者不完整信息的，应当及时发布准确的信息予以澄清。

第八条 国家建立健全突发事件新闻采访报道制度。有关人民政府和部门应当做好新闻媒体服务引导工作，支持新闻媒体开展采访报道和舆论监督。

新闻媒体采访报道突发事件应当及时、准确、客观、公正。

新闻媒体应当开展突发事件应对法律法规、预防与应急、自救与互救知识等的公益宣传。

第九条 国家建立突发事件应对工作投诉、举报制度，公布统一的投诉、举报方式。

对于不履行或者不正确履行突发事件应对工作职责的行为，任何单位和个人有权向有关人民政府和部门投诉、举报。

接到投诉、举报的人民政府和部门应当依照规定立即组织调查处理，并将调查处理结果以适当方式告知投诉人、举报人；投诉、举报事项不属于其职责的，应当及时移送有关机关处理。

有关人民政府和部门对投诉人、举报人的相关信息应当予以保密，保护投诉人、举报人的合法权益。

第十条 突发事件应对措施应当与突发事件可能造成的社会危害的性质、程度和范围相适应；有多种措施可供选择的，应当选择有利于最大程度地保护公民、法人和其他组织权益，且对他人权益损害和生态环境影响较小的措施，并根据情况变化及时调整，做到科学、精准、有效。

第十一条 国家在突发事件应对工作中，应当对未成年人、老年人、残疾人、孕产期和哺乳期的妇女、需要及时就医的伤病人员等群体给予特殊、优先保护。

第十二条 县级以上人民政府及其部门为应对突发

事件的紧急需要，可以征用单位和个人的设备、设施、场地、交通工具等财产。被征用的财产在使用完毕或者突发事件应急处置工作结束后，应当及时返还。财产被征用或者征用后毁损、灭失的，应当给予公平、合理的补偿。

第十三条 因依法采取突发事件应对措施，致使诉讼、监察调查、行政复议、仲裁、国家赔偿等活动不能正常进行的，适用有关时效中止和程序中止的规定，法律另有规定的除外。

第十四条 中华人民共和国政府在突发事件的预防与应急准备、监测与预警、应急处置与救援、事后恢复与重建等方面，同外国政府和有关国际组织开展合作与交流。

第十五条 对在突发事件应对工作中做出突出贡献的单位和个人，按照国家有关规定给予表彰、奖励。

第二章 管理与指挥体制

第十六条 国家建立统一指挥、专常兼备、反应灵敏、上下联动的应急管理体制和综合协调、分类管理、分级负责、属地管理为主的工作体系。

第十七条 县级人民政府对本行政区域内突发事件的应对管理工作负责。突发事件发生后，发生地县级人民政府应当立即采取措施控制事态发展，组织开展应急救援和处置工作，并立即向上一级人民政府报告，必要时可以越级上报，具备条件的，应当进行网络直报或者自动速报。

突发事件发生地县级人民政府不能消除或者不能有效控制突发事件引起的严重社会危害的，应当及时向上级人民政府报告。上级人民政府应当及时采取措施，统一领导应急处置工作。

法律、行政法规规定由国务院有关部门对突发事件应对管理工作负责的，从其规定；地方人民政府应当积极配合并提供必要的支持。

第十八条 突发事件涉及两个以上行政区域的，其应对管理工作由有关行政区域共同的上一级人民政府负责，或者由各有关行政区域的上一级人民政府共同负责。共同负责的人民政府应当按照国家有关规定，建立信息共享和协调配合机制。根据共同应对突发事件的需要，地方人民政府之间可以建立协同应对机制。

第十九条 县级以上人民政府是突发事件应对管理工作的行政领导机关。

国务院在总理领导下研究、决定和部署特别重大突发事件的应对工作；根据实际需要，设立国家突发事件应急指挥机构，负责突发事件应对工作；必要时，国务院可以派出工作组指导有关工作。

县级以上地方人民政府设立由本级人民政府主要负责人、相关部门负责人、国家综合性消防救援队伍和驻当地中国人民解放军、中国人民武装警察部队有关负责人等组成的突发事件应急指挥机构，统一领导、协调本级人民政府各有关部门和下级人民政府开展突发事件应对工作；根据实际需要，设立相关类别突发事件应急指挥机构，组织、协调、指挥突发事件应对工作。

第二十条 突发事件应急指挥机构在突发事件应对过程中可以依法发布有关突发事件应对的决定、命令、措施。突发事件应急指挥机构发布的决定、命令、措施与设立它的人民政府发布的决定、命令、措施具有同等效力，法律责任由设立它的人民政府承担。

第二十一条 县级以上人民政府应急管理部门和卫生健康、公安等有关部门应当在各自职责范围内做好有关突发事件应对管理工作，并指导、协助下级人民政府及其相应部门做好有关突发事件的应对管理工作。

第二十二条 乡级人民政府、街道办事处应当明确专门工作力量，负责突发事件应对有关工作。

居民委员会、村民委员会依法协助人民政府和有关部门做好突发事件应对工作。

第二十三条 公民、法人和其他组织有义务参与突发事件应对工作。

第二十四条 中国人民解放军、中国人民武装警察部队和民兵组织依照本法和其他有关法律、行政法规、军事法规的规定以及国务院、中央军事委员会的命令，参加突发事件的应急救援和处置工作。

第二十五条 县级以上人民政府及其设立的突发事件应急指挥机构发布的有关突发事件应对的决定、命令、措施，应当及时报本级人民代表大会常务委员会备案；突发事件应急处置工作结束后，应当向本级人民代表大会常务委员会作出专项工作报告。

第三章 预防与应急准备

第二十六条 国家建立健全突发事件应急预案体系。

国务院制定国家突发事件总体应急预案，组织制定国家突发事件专项应急预案；国务院有关部门根据各自的职责和国务院相关应急预案，制定国家突发事件部门应急预案并报国务院备案。

地方各级人民政府和县级以上地方人民政府有关部门根据有关法律、法规、规章、上级人民政府及其有关部门的应急预案以及本地区、本部门的实际情况，制定相应的突发事件应急预案并按国务院有关规定备案。

第二十七条 县级以上人民政府应急管理部门指导突发事件应急预案体系建设，综合协调应急预案衔接工作，增强有关应急预案的衔接性和实效性。

第二十八条 应急预案应当根据本法和其他有关法律、法规的规定，针对突发事件的性质、特点和可能造成的社会危害，具体规定突发事件应对管理工作的组织指挥体系与职责和突发事件的预防与预警机制、处置程序、应急保障措施以及事后恢复与重建措施等内容。

应急预案制定机关应当广泛听取有关部门、单位、专家和社会各方面意见，增强应急预案的针对性和可操作性，并根据实际需要、情势变化、应急演练中发现的问题等及时对应急预案作出修订。

应急预案的制定、修订、备案等工作程序和管理办法由国务院规定。

第二十九条 县级以上人民政府应当将突发事件应对工作纳入国民经济和社会发展规划。县级以上人民政府有关部门应当制定突发事件应急体系建设规划。

第三十条 国土空间规划等规划应当符合预防、处置突发事件的需要，统筹安排突发事件应对工作所必需的设备和基础设施建设，合理确定应急避难、封闭隔离、紧急医疗救治等场所，实现日常使用和应急使用的相互转换。

第三十一条 国务院应急管理部门会同卫生健康、自然资源、住房城乡建设等部门统筹、指导全国应急避难场所的建设和管理工作，建立健全应急避难场所标准体系。县级以上地方人民政府负责本行政区域内应急避难场所的规划、建设和管理工作。

第三十二条 国家建立健全突发事件风险评估体系，对可能发生的突发事件进行综合性评估，有针对性地采取有效防范措施，减少突发事件的发生，最大限度减轻突发事件的影响。

第三十三条 县级人民政府应当对本行政区域内容易引发自然灾害、事故灾难和公共卫生事件的危险源、危险区域进行调查、登记、风险评估，定期进行检查、监控，并责令有关单位采取安全防范措施。

省级和设区的市级人民政府应当对本行政区域内容易引发特别重大、重大突发事件的危险源、危险区域进行调查、登记、风险评估，组织进行检查、监控，并责令有关单位采取安全防范措施。

县级以上地方人民政府应当根据情况变化，及时调整危险源、危险区域的登记。登记的危险源、危险区域及其基础信息，应当按照国家有关规定接入突发事件信息系统，并及时向社会公布。

第三十四条 县级人民政府及其有关部门、乡级人民政府、街道办事处、居民委员会、村民委员会应当及时调解处理可能引发社会安全事件的矛盾纠纷。

第三十五条 所有单位应当建立健全安全管理制度，定期开展危险源辨识评估，制定安全防范措施；定期检查本单位各项安全防范措施的落实情况，及时消除事故隐患；掌握并及时处理本单位存在的可能引发社会安全事件的问题，防止矛盾激化和事态扩大；对本单位可能发生的突发事件和采取安全防范措施的情况，应当按照规定及时向所在地人民政府或者有关部门报告。

第三十六条　矿山、金属冶炼、建筑施工单位和易燃易爆物品、危险化学品、放射性物品等危险物品的生产、经营、运输、储存、使用单位，应当制定具体应急预案，配备必要的应急救援器材、设备和物资，并对生产经营场所、有危险物品的建筑物、构筑物及周边环境开展隐患排查，及时采取措施管控风险和消除隐患，防止发生突发事件。

第三十七条　公共交通工具、公共场所和其他人员密集场所的经营单位或者管理单位应当制定具体应急预案，为交通工具和有关场所配备报警装置和必要的应急救援设备、设施，注明其使用方法，并显著标明安全撤离的通道、路线，保证安全通道、出口的畅通。

有关单位应当定期检测、维护其报警装置和应急救援设备、设施，使其处于良好状态，确保正常使用。

第三十八条　县级以上人民政府应当建立健全突发事件应对管理培训制度，对人民政府及其有关部门负有突发事件应对管理职责的工作人员以及居民委员会、村民委员会有关人员定期进行培训。

第三十九条　国家综合性消防救援队伍是应急救援

的综合性常备骨干力量，按照国家有关规定执行综合应急救援任务。县级以上人民政府有关部门可以根据实际需要设立专业应急救援队伍。

县级以上人民政府及其有关部门可以建立由成年志愿者组成的应急救援队伍。乡级人民政府、街道办事处和有条件的居民委员会、村民委员会可以建立基层应急救援队伍，及时、就近开展应急救援。单位应当建立由本单位职工组成的专职或者兼职应急救援队伍。

国家鼓励和支持社会力量建立提供社会化应急救援服务的应急救援队伍。社会力量建立的应急救援队伍参与突发事件应对工作应当服从履行统一领导职责或者组织处置突发事件的人民政府、突发事件应急指挥机构的统一指挥。

县级以上人民政府应当推动专业应急救援队伍与非专业应急救援队伍联合培训、联合演练，提高合成应急、协同应急的能力。

第四十条 地方各级人民政府、县级以上人民政府有关部门、有关单位应当为其组建的应急救援队伍购买人身意外伤害保险，配备必要的防护装备和器材，防范和减少应急救援人员的人身伤害风险。

专业应急救援人员应当具备相应的身体条件、专业技能和心理素质，取得国家规定的应急救援职业资格，具体办法由国务院应急管理部门会同国务院有关部门制定。

第四十一条 中国人民解放军、中国人民武装警察部队和民兵组织应当有计划地组织开展应急救援的专门训练。

第四十二条 县级人民政府及其有关部门、乡级人民政府、街道办事处应当组织开展面向社会公众的应急知识宣传普及活动和必要的应急演练。

居民委员会、村民委员会、企业事业单位、社会组织应当根据所在地人民政府的要求，结合各自的实际情况，开展面向居民、村民、职工等的应急知识宣传普及活动和必要的应急演练。

第四十三条 各级各类学校应当把应急教育纳入教育教学计划，对学生及教职工开展应急知识教育和应急演练，培养安全意识，提高自救与互救能力。

教育主管部门应当对学校开展应急教育进行指导和监督，应急管理等部门应当给予支持。

第四十四条 各级人民政府应当将突发事件应对工作所需经费纳入本级预算，并加强资金管理，提高资金使用绩效。

第四十五条 国家按照集中管理、统一调拨、平时服务、灾时应急、采储结合、节约高效的原则，建立健全应急物资储备保障制度，动态更新应急物资储备品种目录，完善重要应急物资的监管、生产、采购、储备、调拨和紧急配送体系，促进安全应急产业发展，优化产业布局。

国家储备物资品种目录、总体发展规划，由国务院发展改革部门会同国务院有关部门拟订。国务院应急管理等部门依据职责制定应急物资储备规划、品种目录，并组织实施。应急物资储备规划应当纳入国家储备总体发展规划。

第四十六条　设区的市级以上人民政府和突发事件易发、多发地区的县级人民政府应当建立应急救援物资、生活必需品和应急处置装备的储备保障制度。

县级以上地方人民政府应当根据本地区的实际情况和突发事件应对工作的需要，依法与有条件的企业签订协议，保障应急救援物资、生活必需品和应急处置装备的生产、供给。有关企业应当根据协议，按照县级以上地方人民政府要求，进行应急救援物资、生活必需品和应急处置装备的生产、供给，并确保符合国家有关产品质量的标准和要求。

国家鼓励公民、法人和其他组织储备基本的应急自救物资和生活必需品。有关部门可以向社会公布相关物资、物品的储备指南和建议清单。

第四十七条　国家建立健全应急运输保障体系，统筹铁路、公路、水运、民航、邮政、快递等运输和服务方式，制定应急运输保障方案，保障应急物资、装备和人员及时运输。

县级以上地方人民政府和有关主管部门应当根据国家应急运输保障方案，结合本地区实际做好应急调度和运力保障，确保运输通道和客货运枢纽畅通。

国家发挥社会力量在应急运输保障中的积极作用。社会力量参与突发事件应急运输保障，应当服从突发事件应急指挥机构的统一指挥。

第四十八条 国家建立健全能源应急保障体系，提高能源安全保障能力，确保受突发事件影响地区的能源供应。

第四十九条 国家建立健全应急通信、应急广播保障体系，加强应急通信系统、应急广播系统建设，确保突发事件应对工作的通信、广播安全畅通。

第五十条 国家建立健全突发事件卫生应急体系，组织开展突发事件中的医疗救治、卫生学调查处置和心理援助等卫生应急工作，有效控制和消除危害。

第五十一条 县级以上人民政府应当加强急救医疗服务网络的建设，配备相应的医疗救治物资、设施设备和人员，提高医疗卫生机构应对各类突发事件的救治能力。

第五十二条 国家鼓励公民、法人和其他组织为突发事件应对工作提供物资、资金、技术支持和捐赠。

接受捐赠的单位应当及时公开接受捐赠的情况和受赠财产的使用、管理情况，接受社会监督。

第五十三条 红十字会在突发事件中，应当对伤病人员和其他受害者提供紧急救援和人道救助，并协助人民政府开展与其职责相关的其他人道主义服务活动。有关人民政府应当给予红十字会支持和资助，保障其依法参与应对突发事件。

慈善组织在发生重大突发事件时开展募捐和救助活动，应当在有关人民政府的统筹协调、有序引导下依法进行。有关人民政府应当通过提供必要的需求信息、政府购买服务等方式，对慈善组织参与应对突发事件、开展应急慈善活动予以支持。

第五十四条 有关单位应当加强应急救援资金、物资的管理，提高使用效率。

任何单位和个人不得截留、挪用、私分或者变相私分应急救援资金、物资。

第五十五条 国家发展保险事业，建立政府支持、社会力量参与、市场化运作的巨灾风险保险体系，并鼓励单位和个人参加保险。

第五十六条 国家加强应急管理基础科学、重点行业领域关键核心技术的研究，加强互联网、云计算、大数据、人工智能等现代技术手段在突发事件应对工作中的应用，鼓励、扶持有条件的教学科研机构、企业培养应急管理人才和科技人才，研发、推广新技术、新材料、新设备和新工具，提高突发事件应对能力。

第五十七条 县级以上人民政府及其有关部门应当建立健全突发事件专家咨询论证制度，发挥专业人员在突发事件应对工作中的作用。

第四章 监测与预警

第五十八条 国家建立健全突发事件监测制度。

县级以上人民政府及其有关部门应当根据自然灾害、事故灾难和公共卫生事件的种类和特点，建立健全基础信息数据库，完善监测网络，划分监测区域，确定监测点，明确监测项目，提供必要的设备、设施，配备专职或者兼职人员，对可能发生的突发事件进行监测。

第五十九条 国务院建立全国统一的突发事件信息系统。

县级以上地方人民政府应当建立或者确定本地区统一的突发事件信息系统，汇集、储存、分析、传输有关突发事件的信息，并与上级人民政府及其有关部门、下级人民政府及其有关部门、专业机构、监测网点和重点企业的突发事件信息系统实现互联互通，加强跨部门、跨地区的信息共享与情报合作。

第六十条 县级以上人民政府及其有关部门、专业机构应当通过多种途径收集突发事件信息。

县级人民政府应当在居民委员会、村民委员会和有关单位建立专职或者兼职信息报告员制度。

公民、法人或者其他组织发现发生突发事件，或者发现可能发生突发事件的异常情况，应当立即向所在地人民政府、有关主管部门或者指定的专业机构报告。接到报告的单位应当按照规定立即核实处理，对于不属于其职责的，应当立即移送相关单位核实处理。

第六十一条 地方各级人民政府应当按照国家有关规定向上级人民政府报送突发事件信息。县级以上人民政府有关主管部门应当向本级人民政府相关部门通报突发事件信息，并报告上级人民政府主管部门。专业机构、监测网点和信息报告员应当及时向所在地人民政府及其有关主管部门报告突发事件信息。

有关单位和人员报送、报告突发事件信息，应当做到及时、客观、真实，不得迟报、谎报、瞒报、漏报，不得授意他人迟报、谎报、瞒报，不得阻碍他人报告。

第六十二条 县级以上地方人民政府应当及时汇总分析突发事件隐患和监测信息，必要时组织相关部门、专业技术人员、专家学者进行会商，对发生突发事件的可能性及其可能造成的影响进行评估；认为可能发生重大或者特别重大突发事件的，应当立即向上级人民政府报告，并向上级人民政府有关部门、当地驻军和可能受到危害的毗邻或者相关地区的人民政府通报，及时采取预防措施。

第六十三条 国家建立健全突发事件预警制度。

可以预警的自然灾害、事故灾难和公共卫生事件的预警级别，按照突发事件发生的紧急程度、发展势态和可能造成的危害程度分为一级、二级、三级和四级，分别用红色、橙色、黄色和蓝色标示，一级为最高级别。

预警级别的划分标准由国务院或者国务院确定的部门制定。

第六十四条 可以预警的自然灾害、事故灾难或者公共卫生事件即将发生或者发生的可能性增大时，县级以上地方人民政府应当根据有关法律、行政法规和国务院规定的权限和程序，发布相应级别的警报，决定并宣布有关地区进入预警期，同时向上一级人民政府报告，必要时可以越级上报；具备条件的，应当进行网络直报或者自动速报；同时向当地驻军和可能受到危害的毗邻或者相关地区的人民政府通报。

发布警报应当明确预警类别、级别、起始时间、可能影响的范围、警示事项、应当采取的措施、发布单位和发布时间等。

第六十五条 国家建立健全突发事件预警发布平台，按照有关规定及时、准确向社会发布突发事件预警信息。

广播、电视、报刊以及网络服务提供者、电信运营商应当按照国家有关规定，建立突发事件预警信息快速发布通道，及时、准确、无偿播发或者刊载突发事件预警信息。

公共场所和其他人员密集场所，应当指定专门人员负责突发事件预警信息接收和传播工作，做好相关设备、设施维护，确保突发事件预警信息及时、准确接收和传播。

第六十六条 发布三级、四级警报，宣布进入预警期后，县级以上地方人民政府应当根据即将发生的突发事件的特点和可能造成的危害，采取下列措施：

（一）启动应急预案；

（二）责令有关部门、专业机构、监测网点和负有特定职责的人员及时收集、报告有关信息，向社会公布反映突发事件信息的渠道，加强对突发事件发生、发展情况的监测、预报和预警工作；

（三）组织有关部门和机构、专业技术人员、有关专家学者，随时对突发事件信息进行分析评估，预测发生突发事件可能性的大小、影响范围和强度以及可能发生的突发事件的级别；

（四）定时向社会发布与公众有关的突发事件预测信息和分析评估结果，并对相关信息的报道工作进行管理；

（五）及时按照有关规定向社会发布可能受到突发事件危害的警告，宣传避免、减轻危害的常识，公布咨询或者求助电话等联络方式和渠道。

第六十七条 发布一级、二级警报，宣布进入预警期后，县级以上地方人民政府除采取本法第六十六条规定的措施外，还应当针对即将发生的突发事件的特点和可能造成的危害，采取下列一项或者多项措施：

（一）责令应急救援队伍、负有特定职责的人员进入待命状态，并动员后备人员做好参加应急救援和处置工作的准备；

（二）调集应急救援所需物资、设备、工具，准备应急设施和应急避难、封闭隔离、紧急医疗救治等场所，并确保其处于良好状态、随时可以投入正常使用；

（三）加强对重点单位、重要部位和重要基础设施的安全保卫，维护社会治安秩序；

（四）采取必要措施，确保交通、通信、供水、排水、供电、供气、供热、医疗卫生、广播电视、气象等公共设施的安全和正常运行；

（五）及时向社会发布有关采取特定措施避免或者减轻危害的建议、劝告；

（六）转移、疏散或者撤离易受突发事件危害的人员并予以妥善安置，转移重要财产；

（七）关闭或者限制使用易受突发事件危害的场所，控制或者限制容易导致危害扩大的公共场所的活动；

（八）法律、法规、规章规定的其他必要的防范性、保护性措施。

第六十八条　发布警报，宣布进入预警期后，县级以上人民政府应当对重要商品和服务市场情况加强监测，根据实际需要及时保障供应、稳定市场。必要时，国务院和省、自治区、直辖市人民政府可以按照《中华人民共和国价格法》等有关法律规定采取相应措施。

第六十九条 对即将发生或者已经发生的社会安全事件，县级以上地方人民政府及其有关主管部门应当按照规定向上一级人民政府及其有关主管部门报告，必要时可以越级上报，具备条件的，应当进行网络直报或者自动速报。

第七十条 发布突发事件警报的人民政府应当根据事态的发展，按照有关规定适时调整预警级别并重新发布。

有事实证明不可能发生突发事件或者危险已经解除的，发布警报的人民政府应当立即宣布解除警报，终止预警期，并解除已经采取的有关措施。

第五章　应急处置与救援

第七十一条 国家建立健全突发事件应急响应制度。

突发事件的应急响应级别，按照突发事件的性质、特点、可能造成的危害程度和影响范围等因素分为一级、二级、三级和四级，一级为最高级别。

突发事件应急响应级别划分标准由国务院或者国务院确定的部门制定。县级以上人民政府及其有关部门应当在突发事件应急预案中确定应急响应级别。

第七十二条 突发事件发生后，履行统一领导职责或者组织处置突发事件的人民政府应当针对其性质、特点、危害程度和影响范围等，立即启动应急响应，组织有关部门，调动应急救援队伍和社会力量，依照法律、法规、规章和应急预案的规定，采取应急处置措施，并向上级人民政府报告；必要时，可以设立现场指挥部，负责现场应急处置与救援，统一指挥进入突发事件现场的单位和个人。

启动应急响应，应当明确响应事项、级别、预计期限、应急处置措施等。

履行统一领导职责或者组织处置突发事件的人民政府，应当建立协调机制，提供需求信息，引导志愿服务组织和志愿者等社会力量及时有序参与应急处置与救援工作。

第七十三条 自然灾害、事故灾难或者公共卫生事件发生后，履行统一领导职责的人民政府应当采取下列一项或者多项应急处置措施：

（一）组织营救和救治受害人员，转移、疏散、撤离并妥善安置受到威胁的人员以及采取其他救助措施；

（二）迅速控制危险源，标明危险区域，封锁危险场所，划定警戒区，实行交通管制、限制人员流动、封闭管理以及其他控制措施；

（三）立即抢修被损坏的交通、通信、供水、排水、供电、供气、供热、医疗卫生、广播电视、气象等公共设施，向受到危害的人员提供避难场所和生活必需品，实施医疗救护和卫生防疫以及其他保障措施；

（四）禁止或者限制使用有关设备、设施，关闭或者限制使用有关场所，中止人员密集的活动或者可能导致危害扩大的生产经营活动以及采取其他保护措施；

（五）启用本级人民政府设置的财政预备费和储备的应急救援物资，必要时调用其他急需物资、设备、设施、工具；

（六）组织公民、法人和其他组织参加应急救援和处置工作，要求具有特定专长的人员提供服务；

（七）保障食品、饮用水、药品、燃料等基本生活必需品的供应；

（八）依法从严惩处囤积居奇、哄抬价格、牟取暴利、制假售假等扰乱市场秩序的行为，维护市场秩序；

（九）依法从严惩处哄抢财物、干扰破坏应急处置工作等扰乱社会秩序的行为，维护社会治安；

（十）开展生态环境应急监测，保护集中式饮用水水源地等环境敏感目标，控制和处置污染物；

（十一）采取防止发生次生、衍生事件的必要措施。

第七十四条 社会安全事件发生后，组织处置工作的人民政府应当立即启动应急响应，组织有关部门针对事件的性质和特点，依照有关法律、行政法规和国家其他有关规定，采取下列一项或者多项应急处置措施：

（一）强制隔离使用器械相互对抗或者以暴力行为参与冲突的当事人，妥善解决现场纠纷和争端，控制事态发展；

（二）对特定区域内的建筑物、交通工具、设备、设施以及燃料、燃气、电力、水的供应进行控制；

（三）封锁有关场所、道路，查验现场人员的身份证件，限制有关公共场所内的活动；

（四）加强对易受冲击的核心机关和单位的警卫，在国家机关、军事机关、国家通讯社、广播电台、电视台、外国驻华使领馆等单位附近设置临时警戒线；

（五）法律、行政法规和国务院规定的其他必要措施。

第七十五条 发生突发事件，严重影响国民经济正常运行时，国务院或者国务院授权的有关主管部门可以采取保障、控制等必要的应急措施，保障人民群众的基本生活需要，最大限度地减轻突发事件的影响。

第七十六条 履行统一领导职责或者组织处置突发事件的人民政府及其有关部门，必要时可以向单位和个人征用应急救援所需设备、设施、场地、交通工具和其他物资，请求其他地方人民政府及其有关部门提供人力、物力、财力或者技术支援，要求生产、供应生活必需品和应急救援物资的企业组织生产、保证供给，要求提供医疗、交通等公共服务的组织提供相应的服务。

履行统一领导职责或者组织处置突发事件的人民政府和有关主管部门，应当组织协调运输经营单位，优先运送处置突发事件所需物资、设备、工具、应急救援人员和受到突发事件危害的人员。

履行统一领导职责或者组织处置突发事件的人民政府及其有关部门，应当为受突发事件影响无人照料的无民事行为能力人、限制民事行为能力人提供及时有效帮助；建立健全联系帮扶应急救援人员家庭制度，帮助解决实际困难。

第七十七条 突发事件发生地的居民委员会、村民委员会和其他组织应当按照当地人民政府的决定、命令，进行宣传动员，组织群众开展自救与互救，协助维护社会秩序；情况紧急的，应当立即组织群众开展自救与互救等先期处置工作。

第七十八条 受到自然灾害危害或者发生事故灾难、公共卫生事件的单位，应当立即组织本单位应急救援队伍和工作人员营救受害人员，疏散、撤离、安置受到威胁的人员，控制危险源，标明危险区域，封锁危险场所，并采取其他防止危害扩大的必要措施，同时向所在地县级人民政府报告；对因本单位的问题引发的或者主体是本单位人员的社会安全事件，有关单位应当按照规定上报情况，并迅速派出负责人赶赴现场开展劝解、疏导工作。

突发事件发生地的其他单位应当服从人民政府发布的决定、命令，配合人民政府采取的应急处置措施，做好本单位的应急救援工作，并积极组织人员参加所在地的应急救援和处置工作。

第七十九条 突发事件发生地的个人应当依法服从人民政府、居民委员会、村民委员会或者所属单位的指挥和安排，配合人民政府采取的应急处置措施，积极参加应急救援工作，协助维护社会秩序。

第八十条 国家支持城乡社区组织健全应急工作机制，强化城乡社区综合服务设施和信息平台应急功能，加强与突发事件信息系统数据共享，增强突发事件应急处置中保障群众基本生活和服务群众能力。

第八十一条 国家采取措施，加强心理健康服务体系和人才队伍建设，支持引导心理健康服务人员和社会工作者对受突发事件影响的各类人群开展心理健康教育、心理评估、心理疏导、心理危机干预、心理行为问题诊治等心理援助工作。

第八十二条 对于突发事件遇难人员的遗体，应当按照法律和国家有关规定，科学规范处置，加强卫生防疫，维护逝者尊严。对于逝者的遗物应当妥善保管。

第八十三条 县级以上人民政府及其有关部门根据突发事件应对工作需要，在履行法定职责所必需的范围和限度内，可以要求公民、法人和其他组织提供应急处置与救援需要的信息。公民、法人和其他组织应当予以提供，法律另有规定的除外。县级以上人民政府及其有关部门对获取的相关信息，应当严格保密，并依法保护公民的通信自由和通信秘密。

第八十四条 在突发事件应急处置中，有关单位和个人因依照本法规定配合突发事件应对工作或者履行相关义务，需要获取他人个人信息的，应当依照法律规定的程序和方式取得并确保信息安全，不得非法收集、使用、加工、传输他人个人信息，不得非法买卖、提供或者公开他人个人信息。

第八十五条 因依法履行突发事件应对工作职责或者义务获取的个人信息，只能用于突发事件应对，并在突发事件应对工作结束后予以销毁。确因依法作为证据使用或者调查评估需要留存或者延期销毁的，应当按照规定进行合法性、必要性、安全性评估，并采取相应保护和处理措施，严格依法使用。

第六章 事后恢复与重建

第八十六条 突发事件的威胁和危害得到控制或者消除后，履行统一领导职责或者组织处置突发事件的人民政府应当宣布解除应急响应，停止执行依照本法规定采取的应急处置措施，同时采取或者继续实施必要措施，防止发生自然灾害、事故灾难、公共卫生事件的次生、衍生事件或者重新引发社会安全事件，组织受影响地区尽快恢复社会秩序。

第八十七条 突发事件应急处置工作结束后，履行统一领导职责的人民政府应当立即组织对突发事件造成的影响和损失进行调查评估，制定恢复重建计划，并向上一级人民政府报告。

受突发事件影响地区的人民政府应当及时组织和协调应急管理、卫生健康、公安、交通、铁路、民航、邮政、电信、建设、生态环境、水利、能源、广播电视等有关部门恢复社会秩序，尽快修复被损坏的交通、通信、供水、排水、供电、供气、供热、医疗卫生、水利、广播电视等公共设施。

第八十八条 受突发事件影响地区的人民政府开展恢复重建工作需要上一级人民政府支持的，可以向上一级人民政府提出请求。上一级人民政府应当根据受影响地区遭受的损失和实际情况，提供资金、物资支持和技术指导，组织协调其他地区和有关方面提供资金、物资和人力支援。

第八十九条 国务院根据受突发事件影响地区遭受损失的情况，制定扶持该地区有关行业发展的优惠政策。

受突发事件影响地区的人民政府应当根据本地区遭受的损失和采取应急处置措施的情况，制定救助、补偿、抚慰、抚恤、安置等善后工作计划并组织实施，妥善解决因处置突发事件引发的矛盾纠纷。

第九十条 公民参加应急救援工作或者协助维护社会秩序期间，其所在单位应当保证其工资待遇和福利不变，并可以按照规定给予相应补助。

第九十一条 县级以上人民政府对在应急救援工作中伤亡的人员依法落实工伤待遇、抚恤或者其他保障政策，并组织做好应急救援工作中致病人员的医疗救治工作。

第九十二条 履行统一领导职责的人民政府在突发事件应对工作结束后，应当及时查明突发事件的发生经过和原因，总结突发事件应急处置工作的经验教训，制定改进措施，并向上一级人民政府提出报告。

第九十三条 突发事件应对工作中有关资金、物资的筹集、管理、分配、拨付和使用等情况，应当依法接受审计机关的审计监督。

第九十四条 国家档案主管部门应当建立健全突发事件应对工作相关档案收集、整理、保护、利用工作机制。突发事件应对工作中形成的材料，应当按照国家规定归档，并向相关档案馆移交。

第七章 法律责任

第九十五条 地方各级人民政府和县级以上人民政

府有关部门违反本法规定，不履行或者不正确履行法定职责的，由其上级行政机关责令改正；有下列情形之一，由有关机关综合考虑突发事件发生的原因、后果、应对处置情况、行为人过错等因素，对负有责任的领导人员和直接责任人员依法给予处分：

（一）未按照规定采取预防措施，导致发生突发事件，或者未采取必要的防范措施，导致发生次生、衍生事件的；

（二）迟报、谎报、瞒报、漏报或者授意他人迟报、谎报、瞒报以及阻碍他人报告有关突发事件的信息，或者通报、报送、公布虚假信息，造成后果的；

（三）未按照规定及时发布突发事件警报、采取预警期的措施，导致损害发生的；

（四）未按照规定及时采取措施处置突发事件或者处置不当，造成后果的；

（五）违反法律规定采取应对措施，侵犯公民生命健康权益的；

（六）不服从上级人民政府对突发事件应急处置工作的统一领导、指挥和协调的；

（七）未及时组织开展生产自救、恢复重建等善后工作的；

（八）截留、挪用、私分或者变相私分应急救援资金、物资的；

（九）不及时归还征用的单位和个人的财产，或者对被征用财产的单位和个人不按照规定给予补偿的。

第九十六条 有关单位有下列情形之一，由所在地履行统一领导职责的人民政府有关部门责令停产停业，暂扣或者吊销许可证件，并处五万元以上二十万元以下的罚款；情节特别严重的，并处二十万元以上一百万元以下的罚款：

（一）未按照规定采取预防措施，导致发生较大以上突发事件的；

（二）未及时消除已发现的可能引发突发事件的隐患，导致发生较大以上突发事件的；

（三）未做好应急物资储备和应急设备、设施日常维护、检测工作，导致发生较大以上突发事件或者突发事件危害扩大的；

（四）突发事件发生后，不及时组织开展应急救援工作，造成严重后果的。

其他法律对前款行为规定了处罚的，依照较重的规定处罚。

第九十七条 违反本法规定，编造并传播有关突发事件的虚假信息，或者明知是有关突发事件的虚假信息而进行传播的，责令改正，给予警告；造成严重后果的，依法暂停其业务活动或者吊销其许可证件；负有直接责任的人员是公职人员的，还应当依法给予处分。

第九十八条 单位或者个人违反本法规定，不服从所在地人民政府及其有关部门依法发布的决定、命令或者不配合其依法采取的措施的，责令改正；造成严重后果的，依法给予行政处罚；负有直接责任的人员是公职人员的，还应当依法给予处分。

第九十九条 单位或者个人违反本法第八十四条、第八十五条关于个人信息保护规定的，由主管部门依照有关法律规定给予处罚。

第一百条 单位或者个人违反本法规定，导致突发事件发生或者危害扩大，造成人身、财产或者其他损害的，应当依法承担民事责任。

第一百零一条 为了使本人或者他人的人身、财产免受正在发生的危险而采取避险措施的，依照《中华人民共和国民法典》、《中华人民共和国刑法》等法律关于紧急避险的规定处理。

第一百零二条 违反本法规定，构成违反治安管理行为的，依法给予治安管理处罚；构成犯罪的，依法追究刑事责任。

第八章　附　　则

第一百零三条 发生特别重大突发事件，对人民生命财产安全、国家安全、公共安全、生态环境安全或者社会秩序构成重大威胁，采取本法和其他有关法律、法规、规章规定的应急处置措施不能消除或者有效控制、减轻其严重社会危害，需要进入紧急状态的，由全国人民代表大会常务委员会或者国务院依照宪法和其他有关法律规定的权限和程序决定。

紧急状态期间采取的非常措施，依照有关法律规定执行或者由全国人民代表大会常务委员会另行规定。

第一百零四条　中华人民共和国领域外发生突发事件，造成或者可能造成中华人民共和国公民、法人和其他组织人身伤亡、财产损失的，由国务院外交部门会同国务院其他有关部门、有关地方人民政府，按照国家有关规定做好应对工作。

第一百零五条　在中华人民共和国境内的外国人、无国籍人应当遵守本法，服从所在地人民政府及其有关部门依法发布的决定、命令，并配合其依法采取的措施。

第一百零六条　本法自2024年11月1日起施行。

关于修订《中华人民共和国突发事件应对法》的说明

（2021 年 12 月 20 日）

一、修订的必要性

党中央、国务院高度重视突发事件应对管理工作。习近平总书记多次强调依法防控、依法治理的极端重要性，对完善疫情防控法律体系、健全国家公共卫生应急管理体系、构建生物安全法律法规体系提出明确要求。李克强总理明确指出，面对各种突发事件，要有序有力，坚持以人为本、依法依规、科学应对，既进行有效处置，又探索建立新机制，以提高社会治理水平。

现行《中华人民共和国突发事件应对法》自 2007 年公布施行以来，对于预防和减少突发事件的发生，控制、减轻和消除突发事件引起的严重社会危害，规范突发事件应对管理活动，保护人民生命财产安全，维护国家安全、公共安全、生态环境安全和社会秩序发挥了重要作用，为取得抗击新冠肺炎疫情斗争重大战略成果提供了制度保障。近年来，突发事件应对管理工作遇到了一些新情况新问题，各有关方面也提出一系列意见建议，亟待通过修改该法予以解决：一是突发事件应对管理工作领导和管理体制已不适应机构改革最新要求和工作实际需要；二是信息报送和发布制度不够完善，影响了信息上传下达的及时性、准确性；三是应急保障制度不够健全，影响了突发事件应对管理工作所必需的物质支持；四是突发事件应对管理能力有待加强，制约了突发事件应对管理工作水平的提高；五是充分发挥社会力量的制度还不够完善，不利于调动各方力量凝聚工作合力；六是突发事件应对管理工作中保障单位和个人权益的制度不够明确，实践中容易出现损害单位和个人合法权益的情况。

二、修订的总体思路

草案在总体思路上主要把握了以下几点：一是坚持以习近平新时代中国特色社会主义思想为指导，贯彻落实党中央关于突发事件应对管理工作的决策部署，把坚持中国共产党对突发事件应对管理工作的领导以及深化党和国家机构改革的最新成果等，通过法律条文予以明确。二是坚持问题导向，针对现行法施行以来反映出的问题，进一步补充完善相关制度措施，同时将疫情应对中的成功经验体现在法律条文中。三是坚持该法突发事件应对管理领域基础性、综合性法律定位不变，着力处理好与本领域其他专门立法的关系，确保不同法律之间的衔接配合。

三、修订的主要内容

草案对现行法的名称、体例结构及条文顺序进行了调整，新增“管理体制”一章，修订的主要内容包括：

（一）理顺突发事件应对管理工作领导和管理体制。

为了体现党对突发事件应对管理工作的领导，完善有关管理体制，明确各方责任，草案规定：一是坚持中国共产党对突发事件应对管理工作的领导，建立健全集中统一、高效权威的中国特色突发事件应对管理工作领导体制。二是国家建立统一指挥、专常兼备、反应灵敏、上下联动的应急管理体制。三是落实深化党和国家机构改革成果，明确县级以上人民政府及应急管理、卫生健康、公安等有关部门在突发事件应对管理工作中的职责。四是明确应急指挥机构可以发布有关突发事件应对管理工作的决定、命令、措施等，解散后有关法律后果由本级人民政府承担。五是明确乡级人民政府、街道办事处和居民委员会、村民委员会在突发事件应对管理工作中的职责义务。

（二）畅通信息报送和发布渠道。

为了保障突发事件及其应对管理相关信息及时上传下达，畅通渠道、完善有关制度，草案规定：一是建立健全突发事件信息发布和新闻采访报道制度，及时回应社会关切。二是建立网络直报和自动速报制度，提高报告效率，打通信息报告上行渠道。三是加强应急通信系统、应急广播系统建设，确保突发事件应对管理工作的通信、广播安全畅通。四是明确规定不得授意他人迟报、谎报、瞒报，不得阻碍他人报告突发事件信息。

（三）完善应急保障制度。

为了加强应急物资、运力、能源保障，推动有关产业发展、场所建设、物资生产储备采购等工作有序开展，为突发事件应对管理工作提供坚实物质基础，草案规定：一是建立健全应急物资储备保障制度，完善重要应急物资的监管、生产、采购、储备、调拨和紧急配送体系，促进应急产业发展。二是建立健全应急运输保障体系，确保应急物资和人员及时运输。三是建立健全能源应急保障体系，保障受突发事件影响地区的能源供应。四是加强应急避难场所的规划、建设和管理工作。五是建立应急救援物资、生活必需品和应急处置装备的储备制度。六是鼓励公民、法人和其他组织储备基本的应急自救物资和生活必需品。

（四）加强突发事件应对管理能力建设。

为了有效提高突发事件应对管理能力，为突发事件应对管理工作提供更坚实的制度支撑、人才保障、技术支持，草案规定：一是明确国家综合性消防救援队伍是应急救援的综合性常备骨干力量，规定乡村可以建立基层应急救援队伍。二是增设应急救援职业资格，明确相应资格条件。三是鼓励和支持在突发事件应对管理中依法应用现代技术手段，提高突发事件应对管理能力。四是建立健全突发事件应急响应制度，科学划分应急响应级别，及时启动应急响应。五是加强重要商品和服务市场情况监测，必要时可以依法采取干预措施。六是进一步完善应急处置措施的规定，增加限制人员流动、封闭管理等措施。

（五）充分发挥社会力量作用。

为了充分调动社会各方力量参与突发事件应对工作的积极性，进一步形成合力，草案规定：一是建立突发事件应对管理工作投诉、举报制度，鼓励人民群众监督政府及部门等不履职行为。二是完善表彰、奖励制度，对在突发事件应对管理工作中作出突出贡献的单位和个人，按照国家有关规定给予表彰、奖励。三是鼓励和支持社会力量建立提供社会化应急救援服务的应急救援队伍。四是建立健全突发事件专家咨询论证制度，发挥专业人员在突发事件应对管理工作中的作用。五是支持、引导红十字会、慈善组织以及志愿服务组织、志愿者等参与应对突发事件。

（六）保障社会各主体合法权益。

为了保障突发事件应对管理工作中社会各主体合法权益，确保人民群众生命安全和身体健康，草案规定：一是突发事件应对管理工作应当坚持总体国家安全观，坚持人民至上、生命至上。二是关怀特殊群体，优先保护未成年人、老年人、残疾人、孕期和哺乳期的妇女等群体。三是完善突发事件应对管理过程中的征收征用制度，维护被征收征用人的合法权益。四是关爱受突发事件影响无人照料的无民事行为能力人和限制民事行为能力人，提供及时有效帮助。五是加强心理健康服务体系和人才队伍建设，做好受突发事件影响各类人群的心理援助工作。六是加强个人信息保护，确保突发事件应急处置中获取、使用他人个人信息合法、安全。

全国人民代表大会宪法和法律委员会关于《中华人民共和国突发事件应对管理法（草案）》修改情况的汇报

全国人民代表大会常务委员会：

突发事件应对管理法草案由国务院提请2021年12月召开的十三届全国人大常委会第三十二次会议进行初次审议。这个草案是对现行的突发事件应对法进行修改完善而形成的，属于修法性质。草案修改的主要内容是进一步理顺突发事件应对管理工作体制机制、畅通信息报送和发布渠道、完善应急保障制度、加强能力建设、保障社会各主体合法权益等。草案初次审议后，法制工作委员会将草案印发部分省（自治区、直辖市）人大、中央有关部门、基层立法联系点、部分高等院校和研究机构征求意见；在中国人大网公布草案全文，征求社会公众意见。宪法和法律委员会、社会建设委员会、法制工作委员会召开座谈会，听取中央有关部门、专家学者、全国人大代表的意见。宪法和法律委员会、法制工作委员会到河南、广东、湖北、黑龙江、内蒙古等地及有关部门和单位进行调研。宪法和法律委员会于12月6日召开会议，根据常委会组成人员的审议意见和各方面意见，对草案进行了逐条审议。社会建设委员会、司法部、应急管理部有关负责同志列席了会议。12月18

日，宪法和法律委员会召开会议，再次进行了审议。现将突发事件应对管理法草案主要问题修改情况汇报如下：

一、有些常委委员、部门、地方、基层立法联系点、专家和社会公众提出，除本法外，还有一些法律对突发事件应对管理作了规定，建议处理好本法与有关法律的适用和衔接问题，防止出现法律适用不明确的情况。宪法和法律委员会经同社会建设委员会、司法部、应急管理部研究认为，本法是突发事件应对基础性、综合性法律，按照“特别法优于一般法”的原则，应当优先适用有关专门法律，做到相互衔接、并行不悖。从实践中看，适用和衔接问题主要涉及突发公共卫生事件的应对，目前，传染病防治法修订草案已提请常委会审议，突发公共卫生事件应对法正在起草中。建议在总则中明确，传染病防治法等有关法律对突发公共卫生事件应对管理作出规定的，适用其规定；有关法律没有规定的，适用本法。同时，在各章相关条款中明确，其他法律对相关事项另有规定的，从其规定。

二、有些常委会组成人员、部门、地方、基层立法联系点、专家和社会公众提出，应当进一步完善突发事件应对管理工作的原则和理念，完善有关管理与指挥体制的规定。宪法和法律委员会经同司法部、应急管理部研究，建议：一是，在总则中增加突发事件应对管理工作应当坚持依法应对，尊重和保障人权等规定。二是，增加有关建立区域协同应对机制的规定。三是，明确应急指挥机构的决定、命令、措施等与本级人民政府发布的决定、命令、措施等具有同等效力，法律责任由本级人民政府承担，并报本级人大常委会备案。四是，完善有关应急资金、物资的管理规定。

三、有些常委会组成人员、部门、地方、基层立法联系点、专家和社会公众提出，应当进一步完善突发事件报告、预警、信息发布和新闻报道等方面的规定。宪法和法律委员会经同司法部、应急管理部研究，建议：一是，明确有关人民政府和部门支持新闻媒体开展采访报道和舆论监督。二是，完善突发事件信息收集、上报、处理机制。三是，明确预警警报应当包含的事项和信息，规定建立健全预警发布平台和预警信息快速传播渠道。

四、有些常委会组成人员、部门、地方、基层立法联系点、专家和社会公众提出，完善有关应急能力建设方面的规定，明确对应急预案制定修改和演练的要求，增加有关发挥社会力量积极作用的内容。宪法和法律委员会经同司法部、应急管理部研究，建议：一是，规定制定应急预案应当广泛听取各方面意见，并根据实际需要、情势变化、应急演练中发现的问题等及时作出修订；完善应急响应启动机制和相关事项。二是，增加鼓励和支持社会力量依法有序参与应急运输保障、参与巨灾风险保险等相关工作的规定。三是，规定有关部门可以向社会公布应急自救物资、物品储备指南和建议清单，居委会、村委会等基层组织在紧急情况下立即组织群众开展自救、互救等先期处置工作。

五、有些常委会组成人员、部门、地方、基层立法联系点、专家和社会公众提出，应当加强公民权利保障、特殊群体的优先保护等。宪法和法律委员会经同司法部、应急管理部研究，建议：一是，完善总则中有关特殊群体保护、财产征用、投诉举报等规定。二是，加强对个人信息的保护，严格规范个人信息处理活动。三是，完善保障公民基本生活的规定。

六、完善相关法律责任规定。

此外，还对草案作了一些文字修改。

草案二次审议稿已按上述意见作了修改，宪法和法律委员会建议提请本次常委会会议继续审议。

草案二次审议稿和以上汇报是否妥当，请审议。

全国人民代表大会宪法和法律委员会

2023 年 12 月 25 日

全国人民代表大会宪法和法律委员会关于《中华人民共和国突发事件应对管理法（草案）》审议结果的报告

全国人民代表大会常务委员会：

常委会第七次会议对突发事件应对管理法草案进行了二次审议。会后，法制工作委员会将草案二次审议稿全文在中国人大网公布，征求社会公众意见；到山东、江苏、上海等地及有关单位进行调研。宪法和法律委员会于5月31日召开会议，根据常委会组成人员的审议意见和各方面的意见，对草案进行了逐条审议。社会建设委员会、司法部、应急管理部有关负责同志列席了会议。6月18日，宪法和法律委员会召开会议，再次进行了审议。宪法和法律委员会认为，为了适应突发事件应对工作面临的新形势新任务，进一步完善突发事件应对管理体制机制和相关制度，及时对突发事件应对法进行修订是必要的，突发事件应对管理法草案经过两次审议修改，已经比较成熟。同时，提出以下主要修改意见：

一、修改法律名称。突发事件应对管理法草案的名称，是在现行的突发事件应对法的名称中增加了“管理”二字。有些常委委员、部门、地方、专家和社会公众提出，“应对”可以包括“管理”的含义，法律名称宜简明，且“突发事件应对”已为各方面熟知，从保持法律制度和相关工作稳定性、连续性考虑，建议继续使用现行法律的名称。宪法和法律委员会经同司法部、应急管理部研究，建议采纳上述意见，继续保留“突发事件应对法”的法律名称，并对草案条文中“应对管理”的表述，区别情况作出相应技术处理。鉴于对草案二次审议稿作出这样改动后，这个法律草案实际上属于修订现行法律的性质，提请审议的草案名称也相应变更为“突发事件应对法修订草案”。

二、有些常委会组成人员、地方和社会公众提出，应当加强应急宣传和演练的针对性，提高公众参与度，增强社会各界防灾减灾意识和自救能力。宪法和法律委员会经研究，建议进一步明确，人民政府、基层组织、企业事业单位等开展应急知识宣传普及活动应当分别面向社会公众、居民、村民、职工等，学校开展应急知识教育的对象应当包括教职工，应急管理等部门应当给予支持。

三、有些常委委员、部门、地方和专家提出，为了进一步发挥科学技术在突发事件应对工作中的作用，可将草案中有关加强现代技术手段应用、应急科学和核心技术研究、应急管理人才和科技人才培养等内容集中加以规定，便于有关方面贯彻落实。宪法和法律委员会经研究，建议采纳这一意见，在第五十六条中作统一规定。

四、草案二次审议稿第七十一条规定了突发事件应急响应制度。有些常委委员、部门、专家和社会公众提出，不同地方人民政府在突发事件发生后，决定启动哪一级应急响应，还需要结合实际情况，建议在具体确定应急响应级别时给予地方一定自主权。宪法和法律委员会经同司法部、应急管理部研究，建议在草案规定突发事件应急响应级别划分标准由国务院或者国务院确定的部门制定的基础上，增加规定：“县级以上人民政府及其有关部门应当在突发事件应急预案中确定应急响应级别”。

五、有些常委委员、部门和地方提出，法律责任的追究，需要考虑与突发事件有关的各种主客观条件，做到过罚相当，这样更符合突发事件往往情势紧迫的实际情况，有利于鼓励干部在临机处置时勇于担当作为。宪法和法律委员会经同司法部、应急管理部研究，建议完善突发事件应对中关于责任追究的规定，增加依法给予处分时“综合考虑突发事件发生的原因、后果、应对处置情况、行为人过错等因素”。

六、有些常委委员、社会公众提出，在突发事件应对过程中，往往会有公民为了避免人身、财产损害而采取紧急避险行为的情况，在本法中对公民采取紧急避险措施的相关法律责任承担作出规定，为公民在突发事件应急处置中开展自救互救、减少损失提供法律依据，符合本法的立法目的。宪法和法律委员会经同司法部、应急管理部研究认为，在本法中对紧急避险作出规定是必要的，同时考虑到民法典、刑法中已规定有紧急避险制度，建议在本法中增加有关衔接性规定。

此外，还对草案二次审议稿作了一些文字修改。

6月17日，法制工作委员会召开会议，邀请有关部门、协会、企业、基层立法联系点和专家学者等就草案中主要制度规范的可行性、法律的出台时机、实施效果和可能出现的问题等进行评估。与会人员普遍认为，草案贯彻落实习近平总书记关于防范风险挑战、应对突发事件重要论述精神，贯彻总体国家安全观，适应新情况新要求，总结近年来突发事件应对工作中正反两方面经验，进一步加强党对突发事件应对工作的统一领导，落实宪法关于尊重和保障人权的原则，坚持问题导向，作出了一系列规定，很有针对性，切实可行。草案经过多次修改完善，充分吸收了各方面意见，已经比较成熟，建议及时审议通过。与会人员还对草案提出了一些具体修改意见，宪法和法律委员会进行了认真研究，对有的意见予以采纳。

修订草案已按上述意见作了修改，宪法和法律委员会建议提请本次常委会会议审议通过。

修订草案和以上报告是否妥当，请审议。

全国人民代表大会宪法和法律委员会

2024 年 6 月 25 日

全国人民代表大会宪法和法律委员会关于《中华人民共和国突发事件应对法（修订草案）》修改意见的报告

全国人民代表大会常务委员会：

本次常委会会议于6月25日下午对突发事件应对法修订草案进行了分组审议。普遍认为，修订草案已经比较成熟，建议进一步修改后，提请本次常委会会议表决通过。同时，有些常委会组成人员和列席人员还提出了一些修改意见和建议。宪法和法律委员会于6月25日晚召开会议，逐条研究了常委会组成人员和列席人员的审议意见，对修订草案进行统一审议。社会建设委员会、司法部、应急管理部有关负责同志列席了会议。宪法和法律委员会认为，修订草案是可行的，同时，提出以下修改意见：

修订草案规定，突发事件的威胁和危害得到控制或者消除后，应当停止执行相关应急处置措施，尽快恢复社会秩序。有的常委委员提出，在此情况下，还应当履行向社会宣布解除应急响应的程序。宪法和法律委员会经研究，建议采纳这一意见。

还有两个问题需要说明。

一是，有些常委委员、地方和社会公众提出，为了加强突发事件应对中公民个人信息保护，修订草案第八十四条、第八十五条对公民个人信息的收集、使用和销毁等作了规定，其内容是必要和妥当的，建议进一步明确，对实践中此前已经收集的公民个人信息也照此办理。宪法和法律委员会经同司法部、应急管理部研究认为，这一规定是根据《中华人民共和国民法典》、《中华人民共和国个人信息保护法》、《中华人民共和国数据安全法》、《中华人民共和国网络安全法》等现有法律的相关规定，针对突发事件应对工作的特点和实际需要作出的专门规定。对于此前收集的个人信息，其使用、销毁等处理，也应该按照上述法律的相关规定执行。

二是，有些常委会组成人员、部门、地方和社会公众提出，应急征用涉及单位、个人财产权益，建议进一步细化应急征用的具体程序、补偿标准、返还时间等。宪法和法律委员会经同司法部、应急管理部研究认为，修订草案已就应急征用的条件、补偿、返还作了规定，有关应急征用的操作性规定可由地方结合当地实际予以细化。

经与有关部门研究，建议将修订后的突发事件应对法的施行时间确定为 2024 年 11 月 1 日。

此外，根据常委会组成人员的审议意见，还对修订草案作了一些文字修改。

修订草案修改稿已按上述意见作了修改，宪法和法律委员会建议提请本次常委会会议审议通过。

修订草案修改稿和以上报告是否妥当，请审议。

全国人民代表大会宪法和法律委员会

2024 年 6 月 27 日

图书在版编目（CIP）数据

中华人民共和国突发事件应对法新旧对照与重点解读 / 中国法制出版社编著. -- 北京 ： 中国法制出版社, 2024. 7. -- ISBN 978-7-5216-4611-5

Ⅰ. D922. 145

中国国家版本馆 CIP 数据核字第 2024RF7017 号

责任编辑：刘晓霞　　封面设计：蒋　怡

中华人民共和国突发事件应对法新旧对照与重点解读

ZHONGHUA RENMIN GONGHEGUO TUFA SHIJIAN YINGDUIFA XINJIU DUIZHAO YU ZHONGDIAN JIEDU

经销/新华书店
印刷/保定市中画美凯印刷有限公司
开本/850 毫米×1168 毫米　32 开　　印张/ 4.75　字数/ 100 千
版次/2024 年 7 月第 1 版　　2024 年 7 月第 1 次印刷

中国法制出版社出版
书号 ISBN 978-7-5216-4611-5　　定价：18.00 元

北京市西城区西便门西里甲 16 号西便门办公区
邮政编码：100053　　传真：010-63141600
网址：http：//www.zgfzs.com　　编辑部电话：010-63141664
市场营销部电话：010-63141612　　印务部电话：010-63141606